石油企业岗位练兵手册

仓库保管工

大庆油田有限责任公司 编

石油工业出版社

内容提要

本书采用问答形式,对仓库保管工岗位的相关问题和知识进行了介绍与解答,主要内容分为基本素养、基础知识、基本技能三部分。基本素养包括企业文化和职业道德等内容,基础知识包括与仓库保管工岗位密切相关的专业知识和 HSE 知识等内容,基本技能包括操作技能和常见故障判断与分析等内容。本书适合仓库保管工阅读使用。

图书在版编目(CIP)数据

仓库保管工 / 大庆油田有限责任公司编 . — 北京:石油工业出版社,2023.9
(石油企业岗位练兵手册)
ISBN 978-7-5183-6282-0

Ⅰ.①仓⋯ Ⅱ.①大⋯ Ⅲ.①仓库管理 – 技术手册 Ⅳ.① F253-62

中国国家版本馆 CIP 数据核字(2023)第 169250 号

出版发行:石油工业出版社
　　　　　(北京市朝阳区安华里 2 区 1 号楼　100011)
　　　　　网　　址:www.petropub.com
　　　　　编辑部:(010)64251682
　　　　　图书营销中心:(010)64523633
经　　销:全国新华书店
印　　刷:北京中石油彩色印刷有限责任公司

2023 年 9 月第 1 版　2023 年 9 月第 1 次印刷
880×1230 毫米　开本:1/32　印张:5.5
字数:135 千字
定价:52.00 元
(如出现印装质量问题,我社图书营销中心负责调换)
版权所有,翻印必究

《仓库保管工》编委会

主　　任：陶建文
执行主任：李钟馨
副 主 任：夏克明　刘万丰
委　　员：全海涛　崔　伟　张智博　武　威　周立安
　　　　　苑　菲　桑条龙

《仓库保管工》编审组

孟庆祥　李　馨　王恒斌　常　城　宫运兴　王　爽
陈　川　吴　萌　马　程　张洪玲　冯　德　赵　阳
于海龙　王　辉　朱　丽　张　花　王春雷　陈利民
赵宇阳　陈洪庆　马云朋　张贻春　董向洋

前言

岗位练兵是大庆油田的优良传统，是强化基本功训练、提升员工素质的重要手段。新时期、新形势下，按照全面加强"三基"工作的有关要求，为进一步强化和规范经常性岗位练兵活动，切实提高基层员工队伍的基本素质，按照"实际、实用、实效"的原则，大庆油田有限责任公司人事部组织编写、修订了基层员工《石油企业岗位练兵手册》丛书。围绕提升政治素养和业务技能的要求，本套丛书架构分为基本素养、基础知识、基本技能三部分，基本素养包括企业文化（大庆精神铁人精神、优良传统）、发展纲要和职业道德等内容；基础知识包括与工种岗位密切相关的专业知识和HSE知识等内容；基本技能包括操作技能和常见故障判断处理等内容。本套丛书的编写，严格依据最新行业规范和技术标准，同时充分结合目前专业知识更新、生产设备调整、操作工艺优化等实际情况，具有突出的实用性和规范性的特点，既能作为基层开展岗位练兵、提高业务技能的实用教材，也可以作为员工岗位自学、单位开展技能竞赛的参考资料。

希望各单位积极应用，充分发挥本套丛书的基础性作用，持续、深入地抓好基层全员培训工作，不断提升员工队伍整体素质，为实现公司科学发展提供人力资源保障。同时，希望各单位结合本套丛书的应用实践，对丛书的修改完善提出宝贵意见，以便更好地规范和丰富丛书内容，为基层扎实有效地开展岗位练兵活动提供有力支撑。

大庆油田有限责任公司人事部

2023 年 4 月 28 日

目 录

第一部分 基本素养

一、企业文化 ………………………………………… 001

（一）名词解释 ……………………………………… 001

1. 石油精神 ……………………………………… 001
2. 大庆精神 ……………………………………… 001
3. 铁人精神 ……………………………………… 001
4. 三超精神 ……………………………………… 002
5. 艰苦创业的六个传家宝 ……………………… 002
6. 三要十不 ……………………………………… 002
7. 三老四严 ……………………………………… 002
8. 四个一样 ……………………………………… 002
9. 思想政治工作"两手抓" ……………………… 003
10. 岗位责任制管理 ……………………………… 003
11. 三基工作 ……………………………………… 003

12. 四懂三会 ………………………………………… 003
13. 五条要求 ………………………………………… 004
14. 会战时期"五面红旗" …………………………… 004
15. 新时期铁人 ……………………………………… 004
16. 大庆新铁人 ……………………………………… 004
17. 新时代履行岗位责任、弘扬严实作风"四条
    要求" …………………………………………… 004
18. 新时代履行岗位责任、弘扬严实作风"五项
    措施" …………………………………………… 004

(二)问答 …………………………………………… 004
1. 简述大庆油田名称的由来。 …………………… 004
2. 中共中央何时批准大庆石油会战? …………… 004
3. 什么是"两论"起家? ………………………… 005
4. 什么是"两分法"前进? ……………………… 005
5. 简述会战时期"五面红旗"及其具体事迹。 … 005
6. 大庆油田投产的第一口油井和试注成功的第一口
   水井各是什么? ………………………………… 006
7. 大庆石油会战时期讲的"三股气"是指什么? … 006
8. 什么是"九热一冷"工作法? ………………… 006
9. 什么是"三一""四到""五报"交接班法? … 006
10. 大庆油田原油年产 5000 万吨以上持续稳产的时间
    是哪年? ……………………………………… 006
11. 大庆油田原油年产 4000 万吨以上持续稳产的时间
    是哪年? ……………………………………… 007

12. 中国石油天然气集团有限公司企业精神是
    什么？……………………………………… 007
13. 中国石油天然气集团有限公司的主营业务是
    什么？……………………………………… 007
14. 中国石油天然气集团有限公司的企业愿景和价值
    追求分别是什么？………………………… 007
15. 中国石油天然气集团有限公司的人才发展理念
    是什么？…………………………………… 007
16. 中国石油天然气集团有限公司的质量安全环保理念
    是什么？…………………………………… 007
17. 中国石油天然气集团有限公司的依法合规理念是
    什么？……………………………………… 008

二、发展纲要 ………………………………… 008

（一）名词解释 ………………………………… 008
1. 三个构建 ………………………………… 008
2. 一个加快 ………………………………… 008
3. 抓好"三件大事" ………………………… 008
4. 谱写"四个新篇" ………………………… 008
5. 统筹"五大业务" ………………………… 008
6. "十四五"发展目标 ……………………… 008
7. 高质量发展重要保障 ……………………… 008

（二）问答 ……………………………………… 009
1. 习近平总书记致大庆油田发现60周年贺信的内容
   是什么？……………………………………… 009

2. 当好标杆旗帜、建设百年油田的含义是什么？ …… 009
3. 大庆油田60多年的开发建设取得的辉煌历史有
   哪些？ ………………………………………………… 010
4. 开启建设百年油田新征程两个阶段的总体规划
   是什么？ ………………………………………………… 010
5. 大庆油田"十四五"发展总体思路是什么？ …… 010
6. 大庆油田"十四五"发展基本原则是什么？ …… 011
7. 中国共产党第二十次全国代表大会会议主题
   是什么？ ………………………………………………… 011
8. 在中国共产党第二十次全国代表大会上的报告中，
   中国共产党的中心任务是什么？ ………………… 011
9. 在中国共产党第二十次全国代表大会上的报告中，
   中国式现代化的含义是什么？ …………………… 011
10. 在中国共产党第二十次全国代表大会上的报告中，
    两步走是什么？ ……………………………………… 012
11. 在中国共产党第二十次全国代表大会上的报告中，
    "三个务必"是什么？ ……………………………… 012
12. 在中国共产党第二十次全国代表大会上的报告中，
    牢牢把握的"五个重大原则"是什么？ ………… 012
13. 在中国共产党第二十次全国代表大会上的报告中，
    十年来，对党和人民事业具有重大现实意义和深
    远意义的三件大事是什么？ ……………………… 012
14. 在中国共产党第二十次全国代表大会上的报告中，
    坚持"五个必由之路"的内容是什么？ ………… 012

三、职业道德 ··· 013

（一）名词解释 ··· 013
1. 道德 ·· 013
2. 职业道德 ·· 013
3. 爱岗敬业 ·· 013
4. 诚实守信 ·· 013
5. 劳动纪律 ·· 013
6. 团结互助 ·· 013

（二）问答 ·· 014
1. 社会主义精神文明建设的根本任务是什么？ ········ 014
2. 我国社会主义道德建设的基本要求是什么？ ········ 014
3. 为什么要遵守职业道德？ ···························· 014
4. 爱岗敬业的基本要求是什么？ ······················· 014
5. 诚实守信的基本要求是什么？ ······················· 014
6. 职业纪律的重要性是什么？ ························· 015
7. 合作的重要性是什么？ ······························ 015
8. 奉献的重要性是什么？ ······························ 015
9. 奉献的基本要求是什么？ ···························· 015
10. 企业员工应具备的职业素养是什么？ ·············· 015
11. 培养"四有"职工队伍的主要内容是什么？ ······ 015
12. 如何做到团结互助？ ································ 015
13. 职业道德行为养成的途径和方法是什么？ ········· 016
14. 员工违规行为处理工作应当坚持的原则是什么？ ··· 016
15. 对员工的奖励包括哪几种？ ························ 016

16. 员工违规行为处理的方式包括哪几种？⋯⋯⋯⋯ 016

17. 《中国石油天然气集团公司反违章禁令》有哪些规定？⋯⋯⋯⋯⋯⋯⋯⋯⋯⋯⋯⋯⋯⋯⋯⋯⋯⋯⋯⋯ 016

第二部分　基础知识

一、专业知识 ⋯⋯⋯⋯⋯⋯⋯⋯⋯⋯⋯⋯⋯⋯⋯⋯⋯ 018

（一）名词解释 ⋯⋯⋯⋯⋯⋯⋯⋯⋯⋯⋯⋯⋯⋯ 018

1. 物资 ⋯⋯⋯⋯⋯⋯⋯⋯⋯⋯⋯⋯⋯⋯⋯⋯ 018
2. 物资管理 ⋯⋯⋯⋯⋯⋯⋯⋯⋯⋯⋯⋯⋯ 018
3. 物资编码 ⋯⋯⋯⋯⋯⋯⋯⋯⋯⋯⋯⋯⋯ 018
4. 仓储 ⋯⋯⋯⋯⋯⋯⋯⋯⋯⋯⋯⋯⋯⋯⋯⋯ 018
5. 仓储管理 ⋯⋯⋯⋯⋯⋯⋯⋯⋯⋯⋯⋯⋯ 018
6. 物资流通 ⋯⋯⋯⋯⋯⋯⋯⋯⋯⋯⋯⋯⋯ 018
7. 物资消耗 ⋯⋯⋯⋯⋯⋯⋯⋯⋯⋯⋯⋯⋯ 018
8. 物资消耗定额 ⋯⋯⋯⋯⋯⋯⋯⋯⋯⋯⋯ 018
9. 物资储备 ⋯⋯⋯⋯⋯⋯⋯⋯⋯⋯⋯⋯⋯ 019
10. 物资储备定额 ⋯⋯⋯⋯⋯⋯⋯⋯⋯⋯ 019
11. 物资核销 ⋯⋯⋯⋯⋯⋯⋯⋯⋯⋯⋯⋯ 019
12. 物流 ⋯⋯⋯⋯⋯⋯⋯⋯⋯⋯⋯⋯⋯⋯⋯ 019
13. 物流成本 ⋯⋯⋯⋯⋯⋯⋯⋯⋯⋯⋯⋯ 019
14. 配送 ⋯⋯⋯⋯⋯⋯⋯⋯⋯⋯⋯⋯⋯⋯⋯ 019
15. 包装 ⋯⋯⋯⋯⋯⋯⋯⋯⋯⋯⋯⋯⋯⋯⋯ 019
16. 仓容 ⋯⋯⋯⋯⋯⋯⋯⋯⋯⋯⋯⋯⋯⋯⋯ 019

17. 仓容定额 ……………………………… 019
18. 仓库 …………………………………… 020
19. 综合性仓库 …………………………… 020
20. 专业性仓库 …………………………… 020
21. 普通仓库 ……………………………… 020
22. 特种仓库 ……………………………… 020
23. 库房 …………………………………… 020
24. 料棚 …………………………………… 020
25. 料场 …………………………………… 020
26. 企业资源计划系统（ERP 系统）…… 020
27. 物资入库 ……………………………… 020
28. 验收入库 ……………………………… 020
29. 直达现场物资 ………………………… 020
30. 验收时限 ……………………………… 021
31. 随货凭证 ……………………………… 021
32. 验收凭证 ……………………………… 021
33. 合格证明书 …………………………… 021
34. 理论换算 ……………………………… 021
35. 检尺 …………………………………… 021
36. 检斤 …………………………………… 021
37. 允许磅差 ……………………………… 021
38. 毛重 …………………………………… 021
39. 净重 …………………………………… 021
40. 皮重 …………………………………… 021
41. 实际皮重 ……………………………… 021

42. 平均皮重…………………………………… 021
43. 验收记录…………………………………… 021
44. 普通记录…………………………………… 022
45. 商务记录…………………………………… 022
46. 检验………………………………………… 022
47. 一般性检验………………………………… 022
48. 理化检验…………………………………… 022
49. 抽样检验…………………………………… 022
50. 检验批……………………………………… 022
51. 复检………………………………………… 022
52. 必检物资…………………………………… 022
53. 入库物资…………………………………… 022
54. 驻厂监造…………………………………… 022
55. 不合格物资………………………………… 022
56. 质量问题…………………………………… 022
57. 进口物资…………………………………… 022
58. 进口机电产品……………………………… 023
59. 物资堆码…………………………………… 023
60. 物资苫垫…………………………………… 023
61. 四号定位…………………………………… 023
62. 五五摆放…………………………………… 023
63. 四对口……………………………………… 023
64. 物资保管保养……………………………… 023
65. 盘点………………………………………… 023
66. 永续盘点…………………………………… 023

67. 循环盘点 ………………………………… 023

68. 重点盘点 ………………………………… 023

69. 全面盘点 ………………………………… 024

70. 盘盈盘亏 ………………………………… 024

71. 代管物资 ………………………………… 024

72. 代储物资 ………………………………… 024

73. 报废物资 ………………………………… 024

74. 物资出库 ………………………………… 024

75. 物资退库 ………………………………… 024

76. 调度令 …………………………………… 024

77. 应急物资 ………………………………… 024

78. 无动态物资 ……………………………… 024

79. 积压物资 ………………………………… 024

80. 物资仓储基础资料 ……………………… 024

81. 本期收入 ………………………………… 025

82. 本期发出 ………………………………… 025

83. 运耗 ……………………………………… 025

84. 储耗 ……………………………………… 025

85. 物资计量差 ……………………………… 025

86. 物资的自然损耗 ………………………… 025

87. 假入库 …………………………………… 025

88. 假退料 …………………………………… 025

89. 物资价格 ………………………………… 025

90. 计划价格 ………………………………… 025

91. 物资内部调拨价格 ……………………… 025

92. 物资供应价格 ······ 025

93. 统计 ······ 025

94. 物资统计 ······ 026

95. 统计指标 ······ 026

(二) 问答 ······ 026

 1. 物资的分类方法有哪些？ ······ 026

 2. 物资编码的原则是什么？ ······ 026

 3. 仓储的基本功能主要有哪些？ ······ 026

 4. 物资仓储管理的主要内容是什么？ ······ 026

 5. 物资仓库的分类一般有哪几种方法？ ······ 026

 6. 物资储运仓库的基本任务是什么？ ······ 027

 7. 仓库为什么要配备必要的计量器具？ ······ 027

 8. 仓库配备计量器具应考虑哪些因素？ ······ 027

 9. 仓库对计量器具如何管理？ ······ 027

 10. 使用计量器具时应注意什么？ ······ 027

 11. 制定仓容定额有什么作用？ ······ 028

 12. 物资储备定额分类有哪几种方法？ ······ 028

 13. 物资储备定额的作用是什么？ ······ 028

 14. 影响物资消耗定额的主要因素有哪些？ ······ 028

 15. 物资包装的分类包括哪些？ ······ 029

 16. 物资包装的要求有哪些？ ······ 029

 17. 包装标准化的含义是什么？ ······ 029

 18. 物资包装标准化的作用有哪些？ ······ 029

 19. 物资包装标记和标志的要求是什么？ ······ 030

 20. 包装储运图示标志的作用是什么？ ······ 030

21. 危险物资包装标志的作用是什么？⋯⋯⋯⋯⋯⋯ 030
22. 在交接时，承运部门什么情况下编制"普通记录"？⋯⋯⋯⋯⋯⋯⋯⋯⋯⋯⋯⋯⋯⋯⋯⋯ 030
23. 物资装卸、搬运的意义是什么？⋯⋯⋯⋯⋯⋯ 030
24. 物资装卸、搬运的基本要求是什么？⋯⋯⋯⋯ 031
25. 物资装卸、搬运工作的基本原则是什么？⋯⋯ 031
26. 提高装卸、搬运作业效率的途径有哪些？⋯⋯ 031
27. 物资接运的方式一般有哪些？⋯⋯⋯⋯⋯⋯⋯ 031
28. 物资接运工作的任务是什么？⋯⋯⋯⋯⋯⋯⋯ 031
29. 物资验收的作用是什么？⋯⋯⋯⋯⋯⋯⋯⋯⋯ 032
30. 物资验收的基本要求是什么？⋯⋯⋯⋯⋯⋯⋯ 032
31. 物资验收应遵循什么程序进行？⋯⋯⋯⋯⋯⋯ 032
32. 物资验收必须核对哪些有关证件和凭证？⋯⋯ 032
33. 物资外观质量检验指的是什么？⋯⋯⋯⋯⋯⋯ 033
34. 在对物资进行数量检验时，哪些情况应采取抽验？⋯⋯⋯⋯⋯⋯⋯⋯⋯⋯⋯⋯⋯⋯⋯⋯⋯⋯ 033
35. 国内物资验收时，物资数量发生余缺如何处理？⋯⋯⋯⋯⋯⋯⋯⋯⋯⋯⋯⋯⋯⋯⋯⋯⋯⋯ 033
36. 国内物资验收时，物资质量存在缺失如何处理？⋯⋯⋯⋯⋯⋯⋯⋯⋯⋯⋯⋯⋯⋯⋯⋯⋯⋯ 033
37. 国内物资验收时，资料凭证不全如何处理？⋯ 034
38. 国内物资验收时，积压、无动态物资再到货如何处理？⋯⋯⋯⋯⋯⋯⋯⋯⋯⋯⋯⋯⋯⋯⋯⋯ 034
39. 对外索赔时，哪些责任应向卖方办理索赔？⋯⋯ 034

40. 需要对外索赔的物资，在索赔期间应怎样管理？·············· 034
41. 热轧带肋钢筋的表面标志应符合哪些规定？······· 034
42. 钢板和钢带的验收原则是什么？················ 035
43. 牌号为 Q3251 级的钢筋内部质量要求有哪些？················ 035
44. 钢筋的表面质量要求主要有哪些？············· 035
45. 热轧带肋钢筋的表面肋有哪些作用？············ 035
46. 物资保管的作用是什么？················ 035
47. 物资保管的指导思想是什么？············· 036
48. 物资保管的主要内容是什么？············· 036
49. 物资保管的任务有哪些？················ 036
50. 物资保管的原则是什么？················ 036
51. 物资保管过程中的检查有哪几种？··········· 036
52. 物资盘点的方法有哪些？················ 036
53. 分区分类保管规划的原则是什么？··········· 036
54. 物资分区分类规划应考虑哪些因素？·········· 037
55. 物资储存规划的作用是什么？············· 037
56. 统一编号的优点是什么？················ 037
57. 统一编号时主、副货位是如何要求的？········· 037
58. 料签的挂放位置是什么？················ 038
59. 物资堆码的作用是什么？················ 038
60. 物资堆码的基本要求是什么？············· 038
61. 库存物资检查有哪些主要内容？············ 038
62. 库存物资在保管过程中发现盈亏如何处理？······· 038

63. 影响储存物资质量的人为因素指的是什么？……… 039
64. 物资本身的理化性质对物资有什么影响？……… 039
65. 怎样控制与调节库内温度、湿度？……………… 039
66. 控制和调节仓库温度、湿度一般有哪几种
    方法？………………………………………………… 039
67. 库存物资发生盈亏后怎么办？…………………… 039
68. 仓储管理事故的范围有哪些？…………………… 040
69. 防止金属锈蚀的主要措施是什么？……………… 040
70. 金属材料除锈的方法有哪几种？………………… 040
71. 金属锈蚀的分类包括哪些？……………………… 040
72. 金属锈蚀分类中的局部腐蚀一般表现为哪些
    方面？………………………………………………… 041
73. 库存物资虫害、鼠害的防治方法有哪些？……… 041
74. 套管在储存过程中，堆码苫垫有什么要求？…… 041
75. 油管在储存过程中，维护保养有什么要求？…… 041
76. 散装水泥储存有什么要求？……………………… 041
77. 阀门按控制作用不同，可分为哪几类？………… 042
78. 滑动轴承根据设计类型可分为哪些？…………… 042
79. H形钢有哪些优点？……………………………… 042
80. H形钢有哪些用途？……………………………… 042
81. 储存轴承的库房有什么要求？…………………… 042
82. 滚动轴承的分类包括哪些？……………………… 043
83. 物资出库应遵循什么程序进行？………………… 043
84. 物资出库时，需要审核凭证上什么内容？……… 043

013

85. 物资出库时，为保证物资出库的质量，应如何做？ ………………………………………………… 043
86. 物资退库的形式有哪几种？ ………………………… 044
87. 物资退库包括哪些范围？ …………………………… 044
88. 物资出库后仓库保管工发现账与实物不符怎么办？ ………………………………………………… 044
89. 物资出库后，用户反映规格、数量不符等问题时怎么办？ …………………………………………… 044
90. 物资保管基础资料有哪些？ ………………………… 045
91. 物资保管基础资料的作用是什么？ ………………… 045
92. 物资保管基础资料的管理一般有哪几点要求？ …………………………………………………… 045
93. 什么情况下填制物资运输损耗报告单？ …………… 046
94. 什么情况下填制物资储存合理损耗报告单？ ……… 046
95. 库存物资规格调整必须具备哪些条件？ …………… 046
96. 规格调整单应怎样记账？ …………………………… 046
97. 物资储存合理损耗报告单应怎样记账？ …………… 046
98. 物资验收计量合理误差核销单应怎样记账？ ……………………………………………………… 047
99. 库存物资盈亏申请表应怎样记账？ ………………… 047

二、HSE 知识 …………………………………………… 047

（一）名词解释 ……………………………………… 047

1. 危险化学品 …………………………………… 047

2. 工作前安全分析 047
3. "三违"行为 047
4. 安全生产基本方针 047
5. 三级安全教育 047
6. 直线责任 048
7. 四不伤害 048
8. 四不放过 048
9. 属地管理 048
10. 两册 048
11. 两卡 048
12. 风险 048
13. 危害因素 048

(二) 问答 048
1. 工作中需要识别的标志图有哪些？ 048
2. 安全帽的使用要求有哪些？ 049
3. 仓库保管工HSE职责是什么？ 049
4. 根据燃烧物及燃烧特性不同，火灾可分为哪几类？ 050
5. 设置消防车通道的目的是什么？ 051
6. 在防火重点部位应注意哪些方面？ 051
7. 火灾处置的"五个第一时间"是什么？ 051
8. 发生火灾如何报警？ 051
9. 灭火的方法有哪些？ 051
10. 防火四项基本措施是什么？ 052

11. 如何使用手提式干粉灭火器？ ················ 052
12. 如何使用推车式干粉灭火器？ ················ 052
13. 二氧化碳灭火器使用时的注意事项有哪些？ ········ 052
14. 干粉灭火器适用范围有哪些？ ················ 053
15. 灭火器外观检查有哪些内容？ ················ 053
16. 易燃物资的储存、搬运注意事项有哪些？ ········ 053
17. 遇湿易燃物资的储存、搬运安全注意事项有
    哪些？ ·································· 054
18. 氧化剂和有机过氧化剂的储存、搬运安全注意
    事项有哪些？ ···························· 054
19. 如何正确佩戴安全帽？ ···················· 054
20. 如何使用3M全面型防毒面具？ ·············· 054
21. 如何佩戴安全带？ ························ 055
22. 梯子使用的安全注意事项有哪些？ ············ 055
23. 搬运毒害品及感染性物品的安全注意事项
    有哪些？ ································ 055
24. 腐蚀品的储存、搬运安全注意事项有哪些？ ······ 055
25. 导致电气火灾的因素有哪些？ ················ 056
26. 电开关防火的措施有哪些？ ·················· 056
27. 引起静电火灾的条件有哪些？ ················ 056
28. 防止静电火灾的基本措施有哪些？ ············ 056
29. 如何拨打"120"急救电话？ ·················· 057
30. 仓库安全检查的主要方式及方法有哪些？ ········ 057

第三部分　基本技能

一、操作说明 ……………………………………… 058

1. 计算期末账存、实存的操作。…………………… 058
2. 测量物资的操作。………………………………… 058
3. 检验套管、油管外观质量的操作。……………… 059
4. 检验普通钢材外观质量的操作。………………… 060
5. 检验钢丝绳外观质量的操作。…………………… 061
6. 检验建设用砂外观质量的操作。………………… 062
7. 检验建设用河卵石外观质量的操作。…………… 063
8. 检验建设用碎石外观质量的操作。……………… 064
9. 检验袋装水泥外观质量的操作。………………… 065
10. 检验重晶石粉外观质量的操作。………………… 066
11. 检验煤炭外观质量的操作。……………………… 067
12. 检验碱、盐外观质量的操作。…………………… 068
13. 检验布料外观质量的操作。……………………… 069
14. 检验安全帽外观质量的操作。…………………… 069
15. 检验滤料外观质量的操作。……………………… 070
16. 填写验收记录的操作。…………………………… 071
17. 填写料签的操作。………………………………… 072
18. 填写磅（尺）码单的操作。……………………… 072
19. 填写磅（尺）码单汇总表的操作。……………… 072
20. 验收开关的操作。………………………………… 073
21. 验收地砖的操作。………………………………… 074

22. 验收圆钢的操作。……………………………… 076
23. 验收灯泡的操作。……………………………… 077
24. 验收焊管、纯碱的操作。……………………… 079
25. 验收酒精的操作。……………………………… 081
26. 码放无缝管的操作。…………………………… 082
27. 码放角钢的操作。……………………………… 083
28. 码放管帽的操作。……………………………… 084
29. 码放轴承的操作。……………………………… 084
30. 码放梅花扳手的操作。………………………… 085
31. 填写存货盘点明细表的操作。………………… 086
32. 填写不能验收报告单的操作。………………… 086
33. 处理螺纹钢、方钢出库计量误差的操作。…… 087
34. 处理工业盐、酒精储存损耗的操作。………… 088
35. 处理水泥、灯泡、电池、灯管规格调整的操作。… 089
36. 处理工业盐盈亏、酒精盈亏的操作。………… 090
37. 处理灯泡事故、灯管事故的操作。…………… 091
38. 发放螺纹钢、水泥、电池的操作。…………… 092
39. 发放圆钢、石粉、中板的操作。……………… 093
40. 发放焊管的操作。……………………………… 095

二、常见故障判断与分析 …………………… 096

1. 填写验收单常见问题有哪些？问题原因是什么？
   如何处理？……………………………………… 096
2. 填写验收记录常见问题有哪些？问题原因是什么？
   如何处理？……………………………………… 097

3. 填写物资明细账常见问题有哪些？问题原因是
   什么？如何处理？ ……………………………… 097
4. 填写料签常见问题有哪些？问题原因是什么？
   如何处理？ …………………………………… 098
5. 验收物资数量常见问题有哪些？问题原因是
   什么？如何处理？ ……………………………… 099
6. 验收物资质量常见问题有哪些？问题原因是
   什么？如何处理？ ……………………………… 099
7. 物资验收核对资料常见问题有哪些？问题原因是
   什么？如何处理？ ……………………………… 100
8. 验收国外进口物资常见问题有哪些？问题原因是
   什么？如何处理？ ……………………………… 100
9. 验收核对合同常见问题有哪些？问题原因是什么？
   如何处理？ …………………………………… 101
10. 填写物资运输损耗报告单常见问题有哪些？问题
    原因是什么？如何处理？ …………………… 101
11. 盘点检查常见问题有哪些？问题原因是什么？
    如何处理？ …………………………………… 102
12. 填写规格调整单常见问题有哪些？问题原因是
    什么？如何处理？ …………………………… 103
13. 填写物资储存合理损耗报告单常见问题有哪些？
    问题原因是什么？如何处理？ ……………… 103
14. 填写物资出库计量合理误差核销单常见问题有
    哪些？问题原因是什么？如何处理？ ……… 104

019

15. 填写库存物资盈亏申请表常见问题有哪些？问题原因是什么？如何处理？ ………… 105

16. 填写事故报告单常见问题有哪些？问题原因是什么？如何处理？ ………… 105

17. 码放物资常见问题有哪些？问题原因是什么？如何处理？ ………… 106

18. 物资下垫常见问题有哪些？问题原因是什么？如何处理？ ………… 106

19. 物资苫盖常见问题有哪些？问题原因是什么？如何处理？ ………… 107

20. 核对出库凭证真伪常见问题有哪些？问题原因是什么？如何处理？ ………… 108

21. 出库凭证与库存核对常见问题有哪些？问题原因是什么？如何处理？ ………… 108

22. 核对出库凭证日期常见问题有哪些？问题原因是什么？如何处理？ ………… 109

23. 核对出库凭证种类常见问题有哪些？问题原因是什么？如何处理？ ………… 109

24. 用户审核料单规格常见问题有哪些？问题原因是什么？如何处理？ ………… 109

25. 待验物资出库常见问题有哪些？问题原因是什么？如何处理？ ………… 110

26. 物资出库在备料、点交核对质量时常见问题有哪些？问题原因是什么？如何处理？ ………… 110

27. 物资出库后，保管员核对账和实物常见问题有
哪些？问题原因是什么？如何处理？ …………… 110

28. 以发代收物资出库常见问题有哪些？问题原因
是什么？如何处理？ ………………………………… 111

29. 物资应急出库单出库常见问题有哪些？问题原因
是什么？如何处理？ ………………………………… 111

30. 填写物资出库证常见问题有哪些？问题原因是
什么？如何处理？ …………………………………… 112

31. 物资出库前准备常见问题有哪些？问题原因是
什么？如何处理？ …………………………………… 112

32. 物资出库复核常见问题有哪些？问题原因是什么？
如何处理？ …………………………………………… 113

33. 物资出库点交常见问题有哪些？问题原因是什么？
如何处理？ …………………………………………… 113

34. 物资退库常见问题有哪些？问题原因是什么？
如何处理？ …………………………………………… 114

附录1　货物包装储运图示标志………………………115

附录2　危险货物包装标志……………………………117

附录3　安全标志………………………………………119

附录4　仓库保管工常用账册单据表样………………126

参考文献 ………………………………………………146

第一部分 基本素养

一、企业文化

（一）名词解释

1. **石油精神**：石油精神以大庆精神铁人精神为主体，是对石油战线企业精神及优良传统的高度概括和凝练升华，是我国石油队伍精神风貌的集中体现，是历代石油人对人类精神文明的杰出贡献，是石油石化企业的政治优势和文化软实力。其核心是"苦干实干""三老四严"。

2. **大庆精神**：为国争光、为民族争气的爱国主义精神；独立自主、自力更生的艰苦创业精神；讲究科学、"三老四严"的求实精神；胸怀全局、为国分忧的奉献精神，凝练为"爱国、创业、求实、奉献"8个字。

3. **铁人精神**："为国分忧、为民族争气"的爱国主义精神；"宁肯少活二十年，拼命也要拿下大油田"的忘我拼搏精神；"有条件要上，没有条件创造条件也要上"的艰苦奋斗精神；"干工作要经得起子孙万代检查""为革命练一身硬功夫、真本事"的科学求实精神;"甘愿为党和人民当一辈子老黄牛"、埋头苦干的无私奉献精神。

4. 三超精神:超越权威,超越前人,超越自我。

5. 艰苦创业的六个传家宝:人拉肩扛精神,干打垒精神,五把铁锹闹革命精神,缝补厂精神,回收队精神,修旧利废精神。

6. 三要十不:"三要":一要甩掉石油工业的落后帽子;二要高速度、高水平拿下大油田;三要在会战中夺冠军,争取集体荣誉。"十不":第一,不讲条件,就是说有条件要上,没有条件创造条件上;第二,不讲时间,特别是工作紧张时,大家都不分白天黑夜地干;第三,不讲报酬,干啥都是为了革命,为了石油,而不光是为了个人的物质报酬而劳动;第四,不分级别,有工作大家一起干;第五,不讲职务高低,不管是局长、队长,都一起来;第六,不分你我,互相支援;第七,不分南北东西,就是不分玉门来的、四川来的、新疆来的,为了大会战,一个目标,大家一起上;第八,不管有无命令,只要是该干的活就抢着干;第九,不分部门,大家同心协力;第十,不分男女老少,能干什么就干什么、什么需要就干什么。这"三要十不",激励了几万职工团结战斗、同心协力、艰苦创业,一心为会战的思想和行动,没有高度觉悟是做不到的。

7. 三老四严:对待革命事业,要当老实人,说老实话,办老实事;对待工作,要有严格的要求,严密的组织,严肃的态度,严明的纪律。

8. 四个一样:对待革命工作要做到,黑天和白天一个样,坏天气和好天气一个样,领导不在场和领导在场一个样，没有人检查和有人检查一个样。

9. 思想政治工作"两手抓"：抓生产从思想入手，抓思想从生产出发。这是大庆人正确处理思想政治工作与经济工作关系的基本原则，也是大庆人思想政治工作的一条基本经验。

10. 岗位责任制管理：大庆油田岗位责任制，是大庆石油会战时期从实践中总结出来的一整套行之有效的基础管理方法，也是大庆油田特色管理的核心内容。其实质就是把全部生产任务和管理工作落实到各个岗位上，给企业每个岗位人员都规定出具体的任务、责任，做到事事有人管，人人有专责，办事有标准，工作有检查。它包括工人岗位责任制、基层干部岗位责任制、领导干部和机关干部岗位责任制。工人岗位责任制一般包括岗位专责制、交接班制、巡回检查制、设备维修保养制、质量负责制、岗位练兵制、安全生产制、班组经济核算制等8项制度；基层干部岗位责任制包括岗位专责制、工作检查制、生产分析制、经济活动分析制、顶岗劳动制、学习制度等6项制度；领导干部和机关干部岗位责任制包括岗位专责制、现场办公制、参加劳动制、向工人学习日制、工作总结制、学习制度等6项制度。

11. 三基工作：以党支部建设为核心的基层建设，以岗位责任制为中心的基础工作，以岗位练兵为主要内容的基本功训练。

12. 四懂三会：这是在大庆石油会战时期提出的对各行各业技术工人必备的基本知识、基本技能的基本要求，也是"应知应会"的基本内容。四懂即懂设备结构、懂设备原理、懂设备性能、懂工艺流程。三会即会操作、会维修保养、会排除故障。

　　13. **五条要求**：人人出手过得硬，事事做到规格化，项项工程质量全优，台台在用设备完好，处处注意勤俭节约。

　　14. **会战时期"五面红旗"**：王进喜、马德仁、段兴枝、薛国邦、朱洪昌。

　　15. **新时期铁人**：王启民。

　　16. **大庆新铁人**：李新民。

　　17. **新时代履行岗位责任、弘扬严实作风"四条要求"**：要人人体现严和实，事事体现严和实，时时体现严和实，处处体现严和实。

　　18. **新时代履行岗位责任、弘扬严实作风"五项措施"**：开展一场学习，组织一次查摆，剖析一批案例，建立一项制度，完善一项机制。

（二）问答

1. 简述大庆油田名称的由来。

　　1959年9月26日，新中国成立十周年大庆前夕，位于黑龙江省原肇州县大同镇附近的松基三井喷出了具有工业价值的油流，为了纪念这个大喜大庆的日子，当时黑龙江省委第一书记欧阳钦同志建议将该油田定名为大庆油田。

2. 中共中央何时批准大庆石油会战？

　　1960年2月13日，石油工业部以党组的名义向中共中央、国务院提出了《关于东北松辽地区石油勘探情况和今后部署问题的报告》。1960年2月20日中共中央正式批准大庆石油会战。

3. 什么是"两论"起家？

1960年4月10日，大庆石油会战一开始，会战领导小组就以石油工业部机关党委的名义作出了《关于学习毛泽东同志所著〈实践论〉和〈矛盾论〉的决定》，号召广大会战职工学习毛泽东同志的《实践论》《矛盾论》和毛泽东同志的其他著作，以马列主义、毛泽东思想指导石油大会战，用辩证唯物主义的立场、观点、方法，认识油田规律，分析和解决会战中遇到的各种问题。广大职工说，我们的会战是靠"两论"起家的。

4. 什么是"两分法"前进？

即在任何时候，对任何事情，都要用"两分法"，形势好的时候要看到不足，保持清醒的头脑，增强忧患意识，形势严峻的时候更要一分为二，看到希望，增强发展的信心。

5. 简述会战时期"五面红旗"及其具体事迹。

"五面红旗"喻指大庆石油会战初期涌现的五位先进榜样：王进喜、马德仁、段兴枝、薛国邦、朱洪昌。钻井队长王进喜带领队伍人拉肩扛抬钻机，端水打井保开钻，在发生井喷的危急时刻，奋不顾身跳下泥浆池，用身体搅拌泥浆制服井喷。钻井队长马德仁在泥浆泵上水管线冻结时，不畏严寒，破冰下泥浆池，疏通上水管线。钻井队长段兴枝在吊车和拖拉机不足的情况下，利用钻机本身的动力设施，解决了钻机搬家的困难。大庆油田第一个采油队队长薛国邦自制绞车，给第一批油井清蜡，又手持蒸汽管下到油池里化开凝结的原油，保证了大庆油田首次原油外运列车顺利启程。工程队队长朱洪昌在供水管线漏水时，用手捂着漏点，忍着灼烧的疼痛，让焊工焊接裂缝，保证了供水工程提前竣工。

6. 大庆油田投产的第一口油井和试注成功的第一口水井各是什么？

1960年5月16日，大庆油田第一口油井中7-11井投产；1960年10月18日，大庆油田第一口注水井7排11井试注成功。

7. 大庆石油会战时期讲的"三股气"是指什么？

对一个国家来讲，就要有民气；对一个队伍来讲，就要有士气；对一个人来讲，就要有志气。三股气结合起来，就会形成强大的力量。

8. 什么是"九热一冷"工作法？

大庆石油会战中创造的一种领导工作方法。是指在1旬中，有9天"热"，1天"冷"。每逢十日，领导干部再忙，也要坐在一起开务虚会，学习上级指示，分析形势，总结经验，从而把感性认识提高到理性认识上来，使领导作风和领导水平得到不断改进和提高。

9. 什么是"三一""四到""五报"交接班法？

对重要的生产部位要一点一点地交接、对主要的生产数据要一个一个地交接、对主要的生产工具要一件一件地交接。交接班时应该看到的要看到、应该听到的要听到、应该摸到的要摸到、应该闻到的要闻到。交接班时报检查部位、报部件名称、报生产状况、报存在的问题、报采取的措施，开好交接班会议，会议记录必须规范完整。

10. 大庆油田原油年产5000万吨以上持续稳产的时间是哪年？

1976年至2002年，大庆油田实现原油年产5000万吨以上连续27年高产稳产,创造了世界同类油田开发史上的奇迹。

11. 大庆油田原油年产4000万吨以上持续稳产的时间是哪年?

2003年至2014年,大庆油田实现原油年产4000万吨以上连续12年持续稳产,继续书写了"我为祖国献石油"新篇章。

12. 中国石油天然气集团有限公司企业精神是什么?

石油精神和大庆精神铁人精神。

13. 中国石油天然气集团有限公司的主营业务是什么?

中国石油天然气集团有限公司是国有重要骨干企业和全球主要的油气生产商和供应商之一,是集国内外油气勘探开发和新能源、炼化销售和新材料、支持和服务、资本和金融等业务于一体的综合性国际能源公司,在全球32个国家和地区开展油气投资业务。

14. 中国石油天然气集团有限公司的企业愿景和价值追求分别是什么?

企业愿景:建设基业长青世界一流综合性国际能源公司;

企业价值追求:绿色发展、奉献能源,为客户成长增动力、为人民幸福赋新能。

15. 中国石油天然气集团有限公司的人才发展理念是什么?

生才有道、聚才有力、理才有方、用才有效。

16. 中国石油天然气集团有限公司的质量安全环保理念是什么?

以人为本、质量至上、安全第一、环保优先。

17.中国石油天然气集团有限公司的依法合规理念是什么？

法律至上、合规为先、诚实守信、依法维权。

二、发展纲要

（一）名词解释

1.三个构建：一是构建与时俱进的开放系统；二是构建产业成长的生态系统；三是构建崇尚奋斗的内生系统。

2.一个加快：加快推动新时代大庆能源革命。

3.抓好"三件大事"：抓好高质量原油稳产这个发展全局之要；抓好弘扬严实作风这个标准价值之基；抓好发展接续力量这个事关长远之计。

4.谱写"四个新篇"：奋力谱写"发展新篇"；奋力谱写"改革新篇"；奋力谱写"科技新篇"；奋力谱写"党建新篇"。

5.统筹"五大业务"：大力发展油气业务；协同发展服务业务；加快发展新能源业务；积极发展"走出去"业务；特色发展新产业新业态。

6."十四五"发展目标：实现"五个开新局"，即稳油增气开新局；绿色发展开新局；效益提升开新局；幸福生活开新局；企业党建开新局。

7.高质量发展重要保障：思想理论保障；人才支持保障；基础环境保障；队伍建设保障；企地协作保障。

（二）问答

1. 习近平总书记致大庆油田发现60周年贺信的内容是什么？

值此大庆油田发现60周年之际，我代表党中央，向大庆油田广大干部职工、离退休老同志及家属表示热烈的祝贺，并致以诚挚的慰问！

60年前，党中央作出石油勘探战略东移的重大决策，广大石油、地质工作者历尽艰辛发现大庆油田，翻开了中国石油开发史上具有历史转折意义的一页。60年来，几代大庆人艰苦创业、接力奋斗，在亘古荒原上建成我国最大的石油生产基地。大庆油田的卓越贡献已经镌刻在伟大祖国的历史丰碑上，大庆精神、铁人精神已经成为中华民族伟大精神的重要组成部分。

站在新的历史起点上，希望大庆油田全体干部职工不忘初心、牢记使命，大力弘扬大庆精神、铁人精神，不断改革创新，推动高质量发展，肩负起当好标杆旗帜、建设百年油田的重大责任，为实现"两个一百年"奋斗目标、实现中华民族伟大复兴的中国梦作出新的更大的贡献！

2. 当好标杆旗帜、建设百年油田的含义是什么？

当好标杆旗帜——树立了前行标尺，是我们一切工作的根本遵循。大庆油田要当好能源安全保障的标杆、国企深化改革的标杆、科技自立自强的标杆、赓续精神血脉的标杆。

建设百年油田——指明了前行方向，是我们未来发展的奋斗目标。百年油田，首先是时间的概念，追求能源主业的升级发展，建设一个基业长青的百年油田；百年油田，也是空间的拓展，追求发展舞台的开辟延伸，建设一个走向世界的百年油田；百年油田，更是精神的赓续，追求红色基因的传承弘扬，建设一个旗帜高扬的百年油田。

3. 大庆油田60多年的开发建设取得的辉煌历史有哪些？

大庆油田60多年的开发建设，为振兴发展奠定了坚实基础。建成了我国最大的石油生产基地；孕育形成了大庆精神铁人精神；创造了世界领先的陆相油田开发技术；打造了过硬的"铁人式"职工队伍；促进了区域经济社会的繁荣发展。

4. 开启建设百年油田新征程两个阶段的总体规划是什么？

第一阶段，从现在起到2035年，实现转型升级、高质量发展；第二阶段，从2035年到本世纪中叶，实现基业长青、百年发展。

5. 大庆油田"十四五"发展总体思路是什么？

坚持以习近平新时代中国特色社会主义思想为指导，深入贯彻落实党的二十大精神，牢记践行习近平总书记重要讲话重要指示批示精神特别是"9·26"贺信精神，完整、准确、全面贯彻新发展理念，服务和融入新发展格局，立足增强能源供应链稳定性和安全性，贯彻落实国家"十四五"现代能源体系规划，认真落实中国石油天然气集团有限公司党组和黑龙江省委省政府部署要求，全面加强党的领导党的建设，坚持稳中求进工作总基调，突出高质量发展主题，遵循"四个坚持"兴企方略和"四化"治企准则，推进实施以抓好"三件大事"为总纲、以谱写"四个新篇"为实践、以统筹"五大业务"为发展支撑的总体战略布局，全面提升企业的创新力、竞争力和可持续发展能力，当好标杆旗帜、建设百年油田，开创油田高质量发展新局面。

6. 大庆油田"十四五"发展基本原则是什么？

坚持"九个牢牢把握"，即牢牢把握"当好标杆旗帜"这个根本遵循；牢牢把握"市场化道路"这个基本方向；牢牢把握"低成本发展"这个核心能力；牢牢把握"绿色低碳转型"这个发展趋势；牢牢把握"科技自立自强"这个战略支撑；牢牢把握"人才强企工程"这个重大举措；牢牢把握"依法合规治企"这个内在要求；牢牢把握"加强作风建设"这个立身之本；牢牢把握"全面从严治党"这个政治引领。

7. 中国共产党第二十次全国代表大会会议主题是什么？

高举中国特色社会主义伟大旗帜，全面贯彻新时代中国特色社会主义思想，弘扬伟大建党精神，自信自强、守正创新，踔厉奋发、勇毅前行，为全面建设社会主义现代化国家、全面推进中华民族伟大复兴而团结奋斗。

8. 在中国共产党第二十次全国代表大会上的报告中，中国共产党的中心任务是什么？

从现在起，中国共产党的中心任务就是团结带领全国各族人民全面建成社会主义现代化强国、实现第二个百年奋斗目标，以中国式现代化全面推进中华民族伟大复兴。

9. 在中国共产党第二十次全国代表大会上的报告中，中国式现代化的含义是什么？

中国式现代化，是中国共产党领导的社会主义现代化，既有各国现代化的共同特征，更有基于自己国情的中国特色。中国式现代化是人口规模巨大的现代化；中国式现代化是全体人民共同富裕的现代化；中国式现代化是物质文明和精神文明相协调的现代化；中国式现代化是人与自然和谐共生的现代化；中国式现代化是走和平发展道路的现代化。

10. 在中国共产党第二十次全国代表大会上的报告中，两步走是什么？

全面建成社会主义现代化强国，总的战略安排是分两步走：从二〇二〇年到二〇三五年基本实现社会主义现代化；从二〇三五年到本世纪中叶把我国建成富强民主文明和谐美丽的社会主义现代化强国。

11. 在中国共产党第二十次全国代表大会上的报告中，"三个务必"是什么？

全党同志务必不忘初心、牢记使命，务必谦虚谨慎、艰苦奋斗，务必敢于斗争、善于斗争，坚定历史自信，增强历史主动，谱写新时代中国特色社会主义更加绚丽的华章。

12. 在中国共产党第二十次全国代表大会上的报告中，牢牢把握的"五个重大原则"是什么？

坚持和加强党的全面领导；坚持中国特色社会主义道路；坚持以人民为中心的发展思想；坚持深化改革开放；坚持发扬斗争精神。

13. 在中国共产党第二十次全国代表大会上的报告中，十年来，对党和人民事业具有重大现实意义和深远意义的三件大事是什么？

一是迎来中国共产党成立一百周年，二是中国特色社会主义进入新时代，三是完成脱贫攻坚、全面建成小康社会的历史任务，实现第一个百年奋斗目标。

14. 在中国共产党第二十次全国代表大会上的报告中，坚持"五个必由之路"的内容是什么？

全党必须牢记，坚持党的全面领导是坚持和发展中国特色社会主义的必由之路，中国特色社会主义是实现中华民族伟大复兴的必由之路，团结奋斗是中国人民创造历史伟业的必由之路，贯彻新发展理念是新时代我国发展壮大的必由之路，全面从严治党是党永葆生机活力、走好新的赶考之路的必由之路。

三、职业道德

（一）名词解释

1. **道德**：是调节个人与自我、他人、社会和自然界之间关系的行为规范的总和。

2. **职业道德**：是同人们的职业活动紧密联系的、符合职业特点所要求的道德准则、道德情操与道德品质的总和。

3. **爱岗敬业**：爱岗就是热爱自己的工作岗位，热爱自己从事的职业；敬业就是以恭敬、严肃、负责的态度对待工作，一丝不苟，兢兢业业，专心致志。

4. **诚实守信**：诚实就是真心诚意，实事求是，不虚假，不欺诈；守信就是遵守承诺，讲究信用，注重质量和信誉。

5. **劳动纪律**：是用人单位为形成和维持生产经营秩序，保证劳动合同得以履行，要求全体员工在集体劳动、工作、生活过程中，以及与劳动、工作紧密相关的其他过程中必须共同遵守的规则。

6. **团结互助**：指在人与人之间的关系中，为了实现共同的利益和目标，互相帮助，互相支持，团结协作，共同发展。

（二）问答

1. 社会主义精神文明建设的根本任务是什么？

适应社会主义现代化建设的需要，培育有理想、有道德、有文化、有纪律的社会主义公民，提高整个中华民族的思想道德素质和科学文化素质。

2. 我国社会主义道德建设的基本要求是什么？

爱祖国、爱人民、爱劳动、爱科学、爱社会主义。

3. 为什么要遵守职业道德？

职业道德是社会道德体系的重要组成部分，它一方面具有社会道德的一般作用，另一方面它又具有自身的特殊作用，具体表现在：（1）调节职业交往中从业人员内部以及从业人员与服务对象间的关系。（2）有助于维护和提高本行业的信誉。（3）促进本行业的发展。（4）有助于提高全社会的道德水平。

4. 爱岗敬业的基本要求是什么？

（1）要乐业。乐业就是从内心里热爱并热心于自己所从事的职业和岗位，把干好工作当作最快乐的事，做到其乐融融。（2）要勤业。勤业是指忠于职守，认真负责，刻苦勤奋，不懈努力。（3）要精业。精业是指对本职工作业务纯熟，精益求精，力求使自己的技能不断提高，使自己的工作成果尽善尽美，不断地有所进步、有所发明、有所创造。

5. 诚实守信的基本要求是什么？

（1）要诚信无欺。（2）要讲究质量。（3）要信守合同。

6. 职业纪律的重要性是什么？

职业纪律影响企业的形象，关系企业的成败。遵守职业纪律是企业选择员工的重要标准，关系到员工个人事业成功与发展。

7. 合作的重要性是什么？

合作是企业生产经营顺利实施的内在要求，是从业人员汲取智慧和力量的重要手段，是打造优秀团队的有效途径。

8. 奉献的重要性是什么？

奉献是企业发展的保障，是从业人员履行职业责任的必由之路，有助于创造良好的工作环境，是从业人员实现职业理想的途径。

9. 奉献的基本要求是什么？

（1）尽职尽责。要明确岗位职责，培养职责情感，全力以赴工作。（2）尊重集体。以企业利益为重，正确对待个人利益，树立职业理想。（3）为人民服务。树立为人民服务的意识，培育为人民服务的荣誉感，提高为人民服务的本领。

10. 企业员工应具备的职业素养是什么？

诚实守信、爱岗敬业、团结互助、文明礼貌、办事公道、勤劳节俭、开拓创新。

11. 培养"四有"职工队伍的主要内容是什么？

有理想、有道德、有文化、有纪律。

12. 如何做到团结互助？

（1）具备强烈的归属感。（2）参与和分享。（3）平等尊重。（4）信任。（5）协同合作。（6）顾全大局。

13. 职业道德行为养成的途径和方法是什么？

（1）在日常生活中培养。从小事做起，严格遵守行为规范；从自我做起，自觉养成良好习惯。（2）在专业学习中训练。增强职业意识，遵守职业规范；重视技能训练，提高职业素养。（3）在社会实践中体验。参加社会实践，培养职业道德；学做结合，知行统一。（4）在自我修养中提高。体验生活，经常进行"内省"；学习榜样，努力做到"慎独"。（5）在职业活动中强化。将职业道德知识内化为信念；将职业道德信念外化为行为。

14. 员工违规行为处理工作应当坚持的原则是什么？

（1）依法依规、违规必究；（2）业务主导、分级负责；（3）实事求是、客观公正；（4）惩教结合、强化预防。

15. 对员工的奖励包括哪几种？

奖励种类包括通报表彰、记功、记大功、授予荣誉称号、成果性奖励等。在给予上述奖励时，可以是一定的物质奖励。物质奖励可以给予一次性现金奖励（奖金）或实物奖励，也可根据需要安排一定时间的带薪休假。

16. 员工违规行为处理的方式包括哪几种？

员工违规行为处理方式分为：警示诫勉、组织处理、处分、经济处罚、禁入限制。

17.《中国石油天然气集团公司反违章禁令》有哪些规定？

为进一步规范员工安全行为，防止和杜绝"三违"现象，保障员工生命安全和企业生产经营的顺利进行，特制定本禁令。

一、严禁特种作业无有效操作证人员上岗操作；

二、严禁违反操作规程操作；

三、严禁无票证从事危险作业；

四、严禁脱岗、睡岗和酒后上岗；

五、严禁违反规定运输民爆物品、放射源和危险化学品；

六、严禁违章指挥、强令他人违章作业。

员工违反上述禁令，给予行政处分；造成事故的，解除劳动合同。

第二部分 基础知识

一、专业知识

（一）名词解释

1. **物资**：物质资料，即生产资料和消费资料的总称。

2. **物资管理**：企业在生产过程中，对本企业所需物资的采购、使用、储备等行为进行计划、组织和控制。

3. **物资编码**：也称物资代码，是在物资分类的基础上，给各种物资规定代码，用以表明其所属的类别、名称、规格、技术条件等。

4. **仓储**：物资在仓库中的储存和保管活动。

5. **仓储管理**：对物资供应过程中仓储、储备、库存和物流进行计划、组织、控制和协调过程的管理。

6. **物资流通**：物资交换活动的总称，包括物资从离开前一个生产过程起，到进入后一个生产过程之前的全部运动过程。

7. **物资消耗**：在生产过程中劳动对象的消耗和使用。

8. **物资消耗定额**：在一定的条件下，生产单位产品或完成单位工作量，合理消耗物资的标准数量。

9. **物资储备**：生产资料在社会生产总过程中，处于流通领域和生产领域各个环节上的暂时储备。

10. **物资储备定额**：在一定的条件下，为保证生产建设正常进行，合理储存物资的标准数量。

11. **物资核销**：将生产建设消耗的主要物资，按其所完成的生产建设任务量，以施工预算或消耗定额为依据，逐项进行检查，查明用途，弄清去向，并核定实际消耗数量，借以计算生产或建设工程成本的一项工作，它是进行物资统计分析的工作基础，也是对物资的使用情况进行检查的一种重要方法。

12. **物流**：物品从供应地向接收地的实体流动过程，包括运输、储存、包装、装卸搬运、配送、流通加工、物流信息等各项活动。

13. **物流成本**：物流活动中所消耗的物化劳动和活劳动的货币表现，即产品在实物运动过程中，如包装、运输、储存、流通加工、物流信息等各个环节所支出人力、物力和财力的总和。

14. **配送**：在经济合理区域范围内，根据客户要求，对物资进行拣选、加工、包装、分割、组配等作业，并按时送达指定地点的物流活动。

15. **包装**：在流通过程中为了保护产品，方便储运，促进销售，按一定的技术方法而采用的容器、材料及辅助物的总体名称，也是为了流通过程中保护产品，方便储运，促进销售，在采用容器、材料及辅助物的过程中施加一定技术方法的操作活动。

16. **仓容**：仓库可储存物资的容积。

17. **仓容定额**：在一定条件下，单位面积或容积允许合理存放物资的最高数量。

18. 仓库：用于储存物资的建筑物和场所的总称，包括库房、料场、料棚等。

19. 综合性仓库：储存多种不同属性的物资仓库，但这些物资的理化性能必须是互不影响的。

20. 专业性仓库：只储存某一类物资的仓库。

21. 普通仓库：存放一般性物资，这些物资在保管条件上无特殊要求，如储存黑色金属及其制品、一般机电产品、一般汽车配件、普通化工材料等的仓库。

22. 特种仓库：一般指危险品仓库，因存放的物资都带有一定的危险性，如易爆性、易燃性、放射性、腐蚀性、有毒性等，所以存放这类物资的仓库，在库房建筑结构及库址选择等方面都有特殊要求。

23. 库房：储存物资的有屋顶和围护结构的封闭式建筑物。

24. 料棚：储存物资的有顶棚且未完全封闭的建筑物。

25. 料场：储存物资的露天场地。

26. 企业资源计划系统（ERP 系统）：基于先进企业管理理念，将财务、采购、分销、制造和其他业务功能合理集成，并实现了实时在线管理的高度集成化信息系统。

27. 物资入库：物资进入仓库时进行的卸货、查点、验收、办理入库手续等的总称。

28. 验收入库：根据物资到货相关资料，按合同及有关标准，验证到库物资是否符合规定标准和合同约定并办理入库手续的活动。

29. 直达现场物资：不进入仓库，直接运达生产现场进行验收的物资。

30. **验收时限**：对一批物资验收工作所限定的时间范围。

31. **随货凭证**：随货一起传递的各种有关证件、单据及资料，在物流过程中，用以表明物资的品类、数量、质量、运输质量等，是物资验收的重要依据。

32. **验收凭证**：对入库物资进行验收时，所必需的各种证件、依据。

33. **合格证明书**：表明产品经检验合格，准予出厂的一种技术文件。

34. **理论换算**：根据物资的公称尺寸及密度计算而得到的物资理论重量。

35. **检尺**：对物资外形尺寸进行测量的量具，如直尺、卷尺和游标卡尺等。

36. **检斤**：利用各种衡器，对需要计算重量的物资进行过磅计重，是物资仓库数量验收中，核对物资实际重量的一项技术工作。

37. **允许磅差**：在物流过程中，各环节对物资的称量所允许的重量差别。

38. **毛重**：物资本身的重量加上包装物重量之和。

39. **净重**：物资本身的实际重量。

40. **皮重**：商品包装及衬垫物的重量。

41. **实际皮重**：包装经过衡量后的实际重量。

42. **平均皮重**：商品包装材料和规格比较划一，衡量时可以抽出若干件商品包装进行衡量，然后平均求得的包装重量。

43. **验收记录**：仓储部门对入库物资在实物验收时记录其验收全过程的书面凭证。

44. **普通记录**：交通运输部门在承运货物过程中，发现属于其责任范围以外的运输事故或因其内部工作需要而编写的书面凭证。

45. **商务记录**：也称货运记录。交通运输部门在承运货物过程中，发生了货损、货差事故，并确认其责任属于承运单位时，所填制的书面凭证。

46. **检验**：根据标准和要求，对物资本体进行度量、测量、检查、试验和实验分析，确定其是否符合质量特性要求所进行的活动。

47. **一般性检验**：根据标准和要求，对到货物资的资料、数量、外观质量进行的检验。

48. **理化检验**：根据标准和要求，应用物理或化学的技术方法，采用理化检验的设备或化学物质，按一定的测量或试验要求对物资进行的检验。

49. **抽样检验**：从一批次物资中抽取部分个体进行检验，并根据检验结果判断整批物资是否合格的活动。

50. **检验批**：提交进行抽样检验的一批物资。

51. **复检**：对物资质量特性进行再次确认的检验行为。

52. **必检物资**：质量检验中必须经过理化检验的物资。

53. **入库物资**：需入库存储和保管的物资。

54. **驻厂监造**：按照合同约定和标准，对物资制造过程的质量实施的监督。

55. **不合格物资**：经检验，质量特性不满足合同及标准要求的物资。

56. **质量问题**：在物资到货质量检验过程中发现的不合格物资事件。

57. **进口物资**：原产地是国外（境外）的物资。

58. 进口机电产品：通过中国海关报关，验放进入中国境内且产自境外的机电产品，包括已进入中国境内的进口机电产品，机电产品是指机械设备、电气设备、交通运输工具、电子产品、电器产品、仪器仪表、金属制品等及其零部件、元器件。

59. 物资堆码：根据物资的包装形状、重量、数量及性能特点，结合地面负荷能力、储存时间等因素将物资按一定规律码成各种形状的货垛。

60. 物资苫垫：根据物资的性能及保管要求的不同，按垛型尺寸和负荷轻重，在物资的垛上和垛底加上遮盖物和衬垫物。

61. 四号定位：对存放于库房内的物资用"＿库号＿架（区）号＿层（排）号＿位号"，料场、料棚物资用"＿场（棚）号＿区号＿排号＿位号"进行编排定位的编号方法。

62. 五五摆放：根据物资的形状，以"五"为基本计算单位，码成不同垛形的堆码方法。

63. 四对口：对储存物资要求账、卡、物和资金四项一致的方法。

64. 物资保管保养：依据规定和要求，对储存物资按不同属性，采用科学的方法进行合理的保存、维护和保养。

65. 盘点：对储存物品的品种、规格、数量进行清点对账。

66. 永续盘点：也称动态盘点，即在收、发料的同时进行清查盘点。

67. 循环盘点：将物资逐区、逐类、分批、分期连续盘点，或者在某类物资达到最低存量时，即加以盘点。

68. 重点盘点：对进出库频率高、价值高、易损耗的物资进行盘点。

69. **全面盘点**：对在库所有物资进行盘点。

70. **盘盈盘亏**：库存物资在盘点时发现的库存实物量与账面量不符的现象。库存实物量大于账面量的为盘盈，库存实物量小于账面量的为盘亏。

71. **代管物资**：仓库储存保管的所有权属于用料单位的物资。

72. **代储物资**：仓库储存保管的所有权属于供应商的物资。

73. **报废物资**：经过组织鉴定、确认，已经丧失原有的、预定的使用价值的物资。

74. **物资出库**：根据物资出库凭证，进行的核对、备料、点交、复核等作业活动的总称。

75. **物资退库**：物资出库后，经业务主管部门批准，退回原发料仓库的业务活动。

76. **调度令**：在特殊紧急情况下（如火灾、抢险等）无法办理出库手续时，作为物资出库的一种临时性凭证，可先发料后补办正式手续。

77. **应急物资**：用于生产急需、突发事件和抢险救灾的物资。

78. **无动态物资**：办理入库手续后一年及以上没有收发动态，或年发出量小于库存量10%的物资。

79. **积压物资**：在库时间超过一年且无明确使用去向的物资，已完工工程项目不再使用的剩余的库存物资，以及因装置停产或工艺改变，主装置已报废或主设备已更新造成无使用方向的备品备件。

80. **物资仓储基础资料**：物资从入库到出库整个仓储管

理过程所建立的各种原始记录、表单等，简称基础资料。

81. **本期收入**：企业在报告期内实际到货并办理验收入库手续的物资。

82. **本期发出**：企业在报告期内实际发出并已办理出库手续的物资。

83. **运耗**：物资在运输过程中，由于自身的物理、化学性能变化和受自然条件变化的影响所引起的损失。

84. **储耗**：物资在储存过程中，由于自身的物理、化学性能变化和受自然条件变化的影响所引起的损失。

85. **物资计量差**：物资在收发过程中，由于计量工具本身允许误差所产生的计量差。

86. **物资的自然损耗**：物资在储运过程中，由于受自然因素的影响和本身的物理化学变化，所造成的不可避免的自然减量。

87. **假入库**：只办理入库手续，而物资本身实际上并不入库。

88. **假退料**：也称假退库，只办理退库手续，而物资本身实际上不退回仓库。

89. **物资价格**：生产资料商品价值的货币表现。

90. **计划价格**：企业自行制定的，在企业内部使用的物资价格。

91. **物资内部调拨价格**：物资系统内部企业之间调拨物资，执行的内部调拨价格。

92. **物资供应价格**：物资企业向需要单位供应物资的价格。

93. **统计**：一般指"统计工作"，即搜集、整理、分析、研究统计资料的工作。

94.物资统计：国民经济的一个重要组成部分，它是将统计学基本原理、方法应用于物资流通领域来研究物资流通经济现象数量方面的经济统计。

95.统计指标：反映实际存在的一定社会总体现象的数量概念和具体数值，包括指标的名称和指标的数值两部分，但有时对某些尚未取得具体数值的数量概念，也可称为统计指标。

（二）问答

1. 物资的分类方法有哪些？

（1）按物资的自然属性分类。

（2）按物资在生产中的作用分类。

（3）按物资的使用方向分类。

2. 物资编码的原则是什么？

物资编码的原则是：唯一性、可扩充性、编码简短、稳定性。

3. 仓储的基本功能主要有哪些？

仓储的基本功能主要有存储功能、调节功能、检验功能、保养功能。

4. 物资仓储管理的主要内容是什么？

物资仓储管理是研究社会再生产过程中的物资储运、保管规律的一门经济技术管理科学。具体地讲，它是研究如何对物资储运过程中的人、财、物及其运动过程，进行计划、组织、控制和协调，以达到用最少的物资消耗及资金占用，取得最大的经济效益。

5. 物资仓库的分类一般有哪几种方法？

（1）按物资在社会再生产中所处的领域分类。

（2）按储存物资的种类分类。

（3）按储存物资的保管条件分类。

6. 物资储运仓库的基本任务是什么？

（1）保持储存物资原有的使用价值。

（2）做好物资的入库验收工作，尽量缩短验收时间。

（3）及时、准确地把物资供应给需用单位。

（4）加强仓库经营管理，不断降低储运生产成本。

（5）做好职工的培训工作。

7. 仓库为什么要配备必要的计量器具？

物资在储运过程中，从物资入库、保管到物资出库，物资的数量计量、质量检验及规格认可，都需要各种计量器具来完成。

8. 仓库配备计量器具应考虑哪些因素？

（1）物资储运部门应根据实际情况，合理配备计量器具。

（2）计量器具的配备应满足本库物资收发作业的需要，所配备的计量器具应经济合理、技术先进，并保证其使用的准确性、可靠性和安全性。

9. 仓库对计量器具如何管理？

仓库所配备的计量器具应有专人管理，建立计量器具台账，健全计量器具使用管理制度，定期对计量器具进行检定，保证计量器具的示值准确。

10. 使用计量器具时应注意什么？

任何单位和个人均不得使用无检定合格印、证或超过检定周期以及经检定不合格的计量器具，不得使用残次零配件组装和修理的计量器具。

11. 制定仓容定额有什么作用？

（1）仓容定额是具体确定仓库物资储量的依据，是反映仓容利用情况的一个重要指标。

（2）确定仓容定额可以合理地进行仓库平面布置，充分利用仓库容积，最大限度地发挥仓库的储存能力，提高仓库利用率。

12. 物资储备定额分类有哪几种方法？

（1）按物资储备定额的计量单位分类。

（2）按物资储备定额的综合程度分类。

（3）按物资储备定额的使用期限分类。

（4）按物资储备定额的使用方向分类。

（5）按物资在生产中的作用分类。

13. 物资储备定额的作用是什么？

（1）物资储备定额是加强企业计划管理，编制物资计划的基础。

（2）物资储备定额是正确组织物资供应，合理控制物资储备量的依据。

（3）物资储备定额是核定企业流动资金定额的重要依据。

（4）物资储备定额是确定仓库面积和有关保管设备的主要依据。

14. 影响物资消耗定额的主要因素有哪些？

（1）人为因素。

（2）经济管理水平，尤其是物资管理、生产的计划及组织状况。

（3）生产技术条件。

（4）物资的质量状况。

（5）自然条件。

15. 物资包装的分类包括哪些？

（1）包装按产品经营方式分为内销产品包装、出口产品包装和特殊产品包装。

（2）包装按在流通过程中的作用分为单件包装、中包装和外包装等。

（3）包装按功能分为运输包装、储藏包装和销售包装等。

（4）包装按容器的软硬程度分为硬包装、半硬包装和软包装等。

（5）包装按使用次数分为一次用包装、多次用包装和周转包装等。

16. 物资包装的要求有哪些？

（1）物资包装必须适应物资的性能。

（2）物资包装必须牢固、安全。

（3）物资包装要标准化、通用化。

（4）物资包装要质量完好，标志清楚。

（5）物资包装要经济耐用，易加工制作。

17. 包装标准化的含义是什么？

包装标准化是指对同一类产品包装的类型、容积、器材、质量、技法、检验等作出统一规定并强制执行的技术措施。它包括统一器材、统一规格、统一造型、统一容量、统一标志、统一系法、统一检验标准等。

18. 物资包装标准化的作用有哪些？

（1）显著提高经济效益。

（2）保证包装质量。

（3）有效地提高包装管理水平。

(4) 有利于机械化连续生产。

(5) 缩短生产周期。

(6) 有利于提高出口能力。

(7) 保证产品的流通安全。

19. 物资包装标记和标志的要求是什么？

(1) 物资包装标记和标志必须严格按照国家有关部门的规定办理。

(2) 物资包装标记和标志必须简明清晰，易于辨认。

(3) 涂刷、拴挂或粘贴标记与标志的部位要适当。

(4) 要选用明显的颜色作标记与标志。

20. 包装储运图示标志的作用是什么？

包装储运图示标志是用图形及符号来指示物资在运输、装卸及保管作业中要注意的事项，用以保证物资的安全。

21. 危险物资包装标志的作用是什么？

危险物资包装标志用来指示该种物资的化学物理性质及其危险程度，在运输、装卸搬运、堆码及储存作业中注意操作，以保证装卸人员和物资的安全。

22. 在交接时，承运部门什么情况下编制"普通记录"？

(1) 整车货物的铅封完好，或篷布苫盖、捆扎良好的情况下，全部或部分货物有损坏现象，或货物与运单上所记载的品种、件数及质量不符。

(2) 发货单位自行派人押运的货物发生短少和损坏。

(3) 货物在运输过程中被污染、受潮，或其他损坏且不属于承运部门责任。

23. 物资装卸、搬运的意义是什么？

(1) 装卸、搬运影响仓库物资的质量和数量。

(2) 装卸、搬运是仓库快进、快出的关键。

（3）装卸、搬运影响储运工作的经济效益。

24. 物资装卸、搬运的基本要求是什么？

（1）按时、保质、保量地完成装车、卸车、搬运、堆码工作，提高工作效率。

（2）保证装卸、搬运中的质量管理。

（3）保证物资在操作过程中完好无损，不混不乱，保证人身安全、机械安全。

（4）节省人力、物力、降低装卸费用，尽量提高机械化作业水平。

25. 物资装卸、搬运工作的基本原则是什么？

（1）注意装卸，确保物资质量。

（2）注重提高效率。

（3）保证安全生产。

（4）讲究经济效益。

26. 提高装卸、搬运作业效率的途径有哪些？

（1）连续性搬运。

（2）一次性作业。

（3）短距离搬运。

（4）单元化搬运。

27. 物资接运的方式一般有哪些？

（1）到承运部门提货。

（2）专用线接货。

（3）到供货单位提货。

（4）供货单位送货。

（5）承运部门送货到库。

28. 物资接运工作的任务是什么？

物资接运工作是物资仓储业务管理的第一道工序，其主要任务是根据承运部门提供的货运清单及时、准确地向承运部门接取到货物资,并办理交接手续,为仓库验收工作做好准备。

29. 物资验收的作用是什么?

(1) 物资验收可以明确供货方、运输方与企业保管方之间的责任,维护本企业利益。

(2) 物资验收是做好物资保管和使用的前提。

(3) 物资验收对生产资料的社会生产起监督和促进作用。

(4) 物资验收对供应部门是否按合同进货,避免积压物资进货起监督作用。

30. 物资验收的基本要求是什么?

物资验收的基本要求是准确、及时、认真。

31. 物资验收应遵循什么程序进行?

物资验收作业按验收准备、核对证件、检验实物、填写记录、问题处理、制单登账、堆码上架就位、建卡建档的程序进行。

32. 物资验收必须核对哪些有关证件和凭证?

(1) 业务主管部门或存货单位提供的入库通知单、订货合同或协议书等。入库通知单是仓库据以验收物资的凭证。订货合同是验收的依据,仓库保管工应严格按照合同规定和入库通知单进行验收。

(2) 供货单位提供的质量证明书、合格证、说明书、装箱单、磅码单、发货明细表等。

(3) 承运部门提供的运单、提运通知单。若在物资接运时,对在入库前发生物资残损和原损的,还应核对普通记录或商务记录。

33. 物资外观质量检验指的是什么？

物资外观质量检验是指查验物资表面有无水渍、潮湿、发霉、溶化、老化、生锈、异味、变质、变色、损伤等异状以及尺寸偏差等缺陷。

34. 在对物资进行数量检验时，哪些情况应采取抽验？

（1）国内产品与生产企业关系比较稳定，供货企业质量信誉较高，供货数量大，证件齐全，包装完整者。

（2）包装严密，打开包装易损坏物资质量或不易恢复包装者。

（3）理论换算的物资，规格整齐划一，并且按件标明重量者。

35. 国内物资验收时，物资数量发生余缺如何处理？

（1）凡物资数量损、溢在规定磅差范围以内的，则可按实际验收数量填写物资入库验收单验收入库。

（2）凡物资数量超出磅差规定范围的，应查对核实，填写验收记录，交存货部门或企业业务部门向供货方办理查询处理，在没做出结案之前应封存不得动用，待结案后，方能办理入库手续。

（3）凡实收数量多于原发数量的，应将多出的数量作为进货补付货款。

36. 国内物资验收时，物资质量存在缺失如何处理？

（1）凡物资外观质量和理化性能有欠缺，影响物资使用价值的；物资规格不符错发的；物资包装严重残损的，都应当先将合格品予以验收，再将不合格或规格不对错发的单独分开，查对核实后填写验收记录，由存货单位或本企业业务部门向供方办理查询，可采取"让步接收""退（换）货""按合同、协议规定进行处置"等方式处理，没有结案之前，物资应另行堆放保管，待结案后才可办理入库手续，但应把残次品另行存放，明显标识。

（2）对物资有锈蚀，不影响使用价值的，应先进行强制性保养后再验收入库。

37.国内物资验收时，资料凭证不全如何处理？

（1）凡必需的验收证件不齐全时，到货的物资应作为待验物资堆放在待验区，临时妥善保管，由存货部门或业务部门负责查询，待证件到齐后方能进行验收。

（2）凡有关证件已齐全，但在规定时间内物资实物尚未到库的，应妥善保存证件资料并及时向业务主管部门反映，以便查询处理，物资到库后进行验收。

38.国内物资验收时，积压、无动态物资再到货如何处理？

物资验收发现到库物资属库存已有的积压、无动态物资，保管人员不得验收入库，填写相关"报告单"，报相关管理部门。

39.对外索赔时，哪些责任应向卖方办理索赔？

品质、规格、性能不符合贸易合同规定，重量、数量短少或货物残损属于卖方责任的，需凭商品检验局的检验证书，由国家进口部门向国外售方提出索赔。

40.需要对外索赔的物资，在索赔期间应怎样管理？

需要对外索赔的物资，未经商检局检验出证，或经检验出证提出退货或换货的应妥善保管，保留好原包装物料，以备复验。

41.热轧带肋钢筋的表面标志应符合哪些规定？

（1）带肋钢筋应在其表面轧上钢筋级别标志，依次还可轧上厂名(或商标)和直径毫米数字。Ⅳ级钢筋采用高等肋时表面可不加标志。

（2）钢筋的强度级别标志以阿拉伯数字表示，厂名以汉语拼音字头表示，直径毫米数字以阿拉伯数字表示。

（3）标志应清晰明了，标志的尺寸由供方按钢筋直径大小做适当规定，与标志相交的横肋可以取消。

42. 钢板和钢带的验收原则是什么？

（1）钢板和钢带的质量由供方技术监督部门进行检查和验收。

（2）供方必须保证交货的钢板和钢带符合有关标准的规定，需方有权按相应标准的规定进行复查。

43. 牌号为 Q3251 级的钢筋内部质量要求有哪些？

（1）化学成分：碳含量在 0.14%～0.22% 之间；锰含量在 0.30%～0.65% 之间；磷含量不大于 0.45%；硫含量不大于 0.05%。

（2）力学要求：屈服点不小于 235MPa；伸长率不小于 25%。

44. 钢筋的表面质量要求主要有哪些？

（1）钢筋的表面不能有裂纹、结疤和折叠。

（2）钢筋表面凸块和其他缺陷的深度和高度不得大于所在部位尺寸的允许偏差。

45. 热轧带肋钢筋的表面肋有哪些作用？

（1）带肋钢筋由于表面肋的作用，与混凝土有较大的黏结能力。

（2）带肋钢筋能更好地承受外力的作用。

46. 物资保管的作用是什么？

（1）物资保管是保证及时供应生产建设物资的前提。

（2）物资保管是保持库存物资原有使用价值的重要手段。

（3）搞好物资保管，可以节约费用开支，缩短物资流通时间，加快物资周转。

47. 物资保管的指导思想是什么？

物资保管的指导思想是：从企业经营目标出发，讲求实际效果，力求周转快、服务好、费用省、消耗低，积极配合购销业务部门做好物资管理工作，保证生产建设的物资供应，为实现企业经营目标做贡献。

48. 物资保管的主要内容是什么？

物资保管的主要内容是：为物资提供必备的储存保管条件，进行科学的维护保养，做好物资的安全防护工作，同时，做好与物资保管有关的各种技术证件、单据、凭证、账册、记录等资料的建立与管理。

49. 物资保管的任务有哪些？

根据企业物资部门的经营目标和任务，按照物资保管工作的指导思想和原则，物资保管的任务是：储存多、进出快、保管好、损耗少、费用省、保安全。

50. 物资保管的原则是什么？

物资保管的原则是：准确、及时、经济、安全。

51. 物资保管过程中的检查有哪几种？

物资保管过程中的检查有：经常性、定期性和临时性检查三种。

52. 物资盘点的方法有哪些？

（1）永续盘点法。（2）循环盘点法。（3）重点盘点法。（4）全面盘点法。

53. 分区分类保管规划的原则是什么？

（1）物资分区分类保管规划是根据物资储存量、物资的类别和性能，结合仓库内各库房、料场的储存能力、建筑结构情况、装卸设备、专用线位置等条件进行。

（2）确定每一库房、料场、料棚所存放物资的种类、数量。

54.物资分区分类规划应考虑哪些因素？

（1）物资性质所需要的保管条件。

（2）便于装卸、搬运等技术作业。

（3）提高库房的平面利用率。

（4）预留机动货位。

（5）适应物资进出和流转。

55.物资储存规划的作用是什么？

（1）提高物资储存量。

（2）提高作业效率。

（3）有效地利用仓容。

（4）确保仓库安全。

56.统一编号的优点是什么？

（1）便于提高仓储工作效率，缩短收发作业的时间，减少和避免收发差错。

（2）便于仓库保管工之间合作互助，一人因故不在，别人可以代为发料。

（3）有利于储存物资的盘点检查，保证账物相符。

57.统一编号时主、副货位是如何要求的？

（1）在物资储存过程中，由于某项物资库存量大，以及货位有限，不能把全部物资都上架存放时，可在库内料区或库外料场设副货位，主货位摆零，副货位存整。

（2）主货位料签上要标记副货位的"四号定位"和数量，副货位的料签上要标记主货位的"四号定位"，做到主、副货位相互对应。

（3）账页上只标注主货位的"四号定位"号。

58. 料签的挂放位置是什么？

料签应挂在该项物资货位的零头处。

59. 物资堆码的作用是什么？

物资堆码是保管作业中的一个重要环节，它直接影响物资的保管。合理的堆码，能保证物资不变形、不变质，便于作业，有利于提高仓容利用率，有助于盘点检查、维护保养和安全作业。

60. 物资堆码的基本要求是什么？

物资堆码的基本要求是：合理、牢固、定量、整齐、节省、方便。

61. 库存物资检查有哪些主要内容？

（1）查质量：查库存物资的质量有无变化。

（2）查数量：查物资的数量是否准确，核对账、卡、物是否一致，同时检查规格有无混串。

（3）查保管条件：查保管条件与各种物资的保管是否符合要求，清洁卫生是否符合要求等。

（4）查计量工具：查计量工具是否完好准确，使用与保养是否合理。

（5）查安全：查各种安全设施与消防设备工具是否符合安全要求。

62. 库存物资在保管过程中发现盈亏如何处理？

（1）库存物资在检查盘点中发现盈亏后，首先要认真查找并分析发生"盈亏"的原因。

（2）仔细、认真反复核实"盈亏"数量，确认无误后，方可填表上报。

（3）"盈亏"的处理时间及审批权限按各企业规定执行。

63. 影响储存物资质量的人为因素指的是什么？

人为因素是指人们在物资储运过程中没有按物资保管的客观要求或违反操作规程，而使物资的质量受到影响。如包装不善、装卸不慎、堆垛不当、苫垫不适、物资长期积压或突然的机械事故等都会影响物资的质量。

64. 物资本身的理化性质对物资有什么影响？

（1）物资本身所具有的物理化学性质是物资发生质变和数量损耗的重要原因。

（2）它对物资保管条件和保管方法起主导作用，也是决定仓库合理布局、分区分类、堆码方法、保养技术的重要因素。

65. 怎样控制与调节库内温度、湿度？

温度、湿度的控制与调节应遵循两个原则：

（1）当库内温度、湿度适宜物资储存时，要设法保护原来的温度、湿度状况，防止库外气候对库内的不利影响。

（2）当库内温度、湿度不适宜物资储存时，要及时采取有效措施，利用气候中的有利因素，来调节库内温度、湿度。

66. 控制和调节仓库温度、湿度一般有哪几种方法？

根据仓库温度、湿度管理的多年实践经验，控制和调节温度、湿度的方法有：通风、密封、除湿、排水等。

67. 库存物资发生盈亏后怎么办？

（1）要认真查找并分析发生"盈亏"的原因。

（2）仔细、认真反复核实"盈亏"数量。

（3）确认无误后．方可填表上报。

68. 仓储管理事故的范围有哪些？

（1）多收。（2）少收。（3）收串。（4）多发。（5）少发。（6）发串。（7）漏发。（8）漏收。（9）错发。（10）丢失。（11）损坏。（12）霉烂变质。（13）无凭证出库。（14）放空车。（15）无故验收积压物资及1年以上无发出物资。（16）出库质量事故。（17）无故验收质次、超合同、无合同等不该验收或没有经过批准验收的物资。（18）无故超期限验收。（19）弄虚作假，使账册、单据数据不真实，或将库存盘盈物资有意隐藏，盘亏物资以外借（包括索要）顶数。

69. 防止金属锈蚀的主要措施是什么？

（1）选择适宜的保管场所。

（2）保持库房干燥。

（3）保持储存物资及储存场所的清洁。

（4）妥善存放和码垛。

（5）苫盖与喷涂防腐剂。

（6）可剥性塑料涂浸成膜。

（7）保持物资保护层或包装完整。

70. 金属材料除锈的方法有哪几种？

除锈方法可分为手工除锈、机械除锈和化学除锈。

71. 金属锈蚀的分类包括哪些？

（1）金属锈蚀按腐蚀发生的机理不同，可分为化学腐蚀和电化学腐蚀两大类。

（2）金属锈蚀按腐蚀破坏的形式，可分为全面腐蚀和局部腐蚀两类。

72. 金属锈蚀分类中的局部腐蚀一般表现为哪些方面？

（1）斑腐蚀。（2）陷坑腐蚀。（3）点腐蚀。（4）晶间腐蚀。（5）穿晶腐蚀（又名腐蚀破裂）。（6）表面下腐蚀。

73. 库存物资虫害、鼠害的防治方法有哪些？

（1）清洁卫生防治法。

（2）物理机械防治法。

（3）化学药剂防治法。

74. 套管在储存过程中，堆码苫垫有什么要求？

（1）套管的料场管架顶面离地 0.3m，管架要有两条以上架墩，架墩应在同一水平面上，墩脚坚实，防下部管子产生挠度弯曲。

（2）堆垛有两种方法，压缝式和交错式（井字形）。压缝式码垛，可采取直接压缝或每层套管间至少有两处均匀的隔离垫木（规格一般为 60mm×100mm）、垫杠（规格一般为不小于 ϕ60mm），垫木或垫杠应与套管呈直角并位于架墩的正上方。

（3）码垛高度应根据地坪承载能力、管径大小、管材壁厚和方便装卸综合考虑，堆垛高度一般不超过 1.6m，单位面积每平方米堆放的货物一般不超过 2t。

75. 油管在储存过程中，维护保养有什么要求？

一般按 6 个月为一个检查周期，抽样 20％进行检查。检查油管防腐层，局部破损要喷涂防腐专用涂料；检查螺纹油脂及螺纹保护帽，油脂不足要补充，油脂失效要将螺纹除锈、清洗干净，重新涂抹合格油脂，并戴好内外螺纹保护帽。

76. 散装水泥储存有什么要求？

散装水泥应储存于密封的料仓内或罐体中，并有严格的防潮措施。

77. 阀门按控制作用不同，可分为哪几类？

（1）截断类阀门。

（2）调压类阀门。

（3）分流类阀门。

（4）止回类阀门。

（5）安全类阀门。

78. 滑动轴承根据设计类型可分为哪些？

（1）圆形滑动轴承、非圆滑动轴承。

（2）多油锲滑动轴承、瓦块止推轴承。

（3）锥面导向轴承、径向可倾瓦块轴承、浮动轴套自位滑动轴承等。

79. H形钢有哪些优点？

（1）H形钢截面形状经济合理，力学性能好，轧制时截面上各点延伸较均匀，内应力小。

（2）与普通工字钢相比，具有截面系数大、重量轻、节省金属等优点。

（3）可使建筑结构减轻30%～40%，又因其腿内外侧平行，腿端是直角，拼装组合成构件，可节约焊接、铆接工作量达25%。

80. H形钢有哪些用途？

常用于要求承载能力大、截面稳定性好的大型建筑以及桥梁、船舶、起重运输机械、机械基础、支架、基础桩等。

81. 储存轴承的库房有什么要求？

（1）轴承应存放在防尘、防潮、干燥、通风的库房里，库内温度应保持在5～25℃之间，24h内温差不得超过5℃；库内相对湿度不得大于65%。

（2）应防止酸、碱、水蒸气及有害气体侵入库内，更不得与化学药品及化工原料同库存放。

（3）仓库内要保持地面、料架、垛顶、窗台等处无积尘，清扫仓库时，避免尘土飞扬。

82. 滚动轴承的分类包括哪些？

（1）按轴承所承受的负载的方向不同可分为向心轴承和推力轴承。

（2）按滚动体的种类可分为球轴承和滚子轴承。

（3）按滚动体的列数可分为单列轴承、双列轴承和多列轴承。

（4）按轴承的调心性能可分为调心轴承和非调心轴承。

83. 物资出库应遵循什么程序进行？

物资出库应遵循一查库存、二动料签、三点交、四复核的程序进行。

84. 物资出库时，需要审核凭证上什么内容？

（1）核对出库凭证。对出库单的内容要逐项审查，包括出库单名称、领料单位、印鉴、日期、开单人、大类、物资名称、规格型号、数量、单价、金额等是否真实、有效。

（2）特殊情况的物资出库，如抢险、救灾、应急等，应经领导批准，以生产调度签发的指令（调度令）为准，先发货后在规定的时间内补办正式手续。对由于系统故障、价格调整、节假日以及特殊情况无法开具正式出库手续，用户急需使用，可凭主管领导签发的"临时物资出库单"（也叫物资应急出库单），先发料后补办正式出库手续。

85. 物资出库时，为保证物资出库的质量，应如何做？

（1）物资出库时，出库凭证和手续必须符合要求，非正式凭证一律不予发货。

(2) 物资出库必须及时准确、严格复核、认真点交、以防差错。

(3) 认真执行"先进先出"的原则，密切注意物资的保管期限和出厂日期。一般情况下，产品出厂日期早的先进库，按先进先出的原则发货。特殊情况，产品出厂日期早的，因多次转手却晚进库，出现这种情况时，后进库要先发货，因为物资都有保管期限，保管员随时掌握，同型号同规格的产品，哪批次出厂日期早，就先发哪批出库，以减少或避免超储积压。

(4) 出库物资必须符合运输的要求。对于包装损坏、产品损伤的，要修复并达到用户及承运单位的要求，才能发货出库。备货待发物资要注意苫垫，避免物资受损。

86. 物资退库的形式有哪几种？

物资退库有两种形式：一种是实物退库；一种是实物不退库，只办理退料手续，称为"假退料"。

87. 物资退库包括哪些范围？

(1) 错发、错领的物资。

(2) 工程项目计划变更，已出库又不需要的物资。

(3) 工程竣工后剩余的物资。

(4) 因其他原因不符合用户要求，要求退货的物资。

88. 物资出库后仓库保管工发现账与实物不符怎么办？

物资出库后，仓库保管工发现账实不符，要及时查找原因，按规定处理。

89. 物资出库后，用户反映规格、数量不符等问题时怎么办？

(1) 仓库保管工应认真进行核对，如确属发错，应纠正致歉。

（2）如不属仓库保管工差错，应耐心解释清楚，并请用户另行查找。

90. 物资保管基础资料有哪些？

（1）物资出入库凭证。主要有物资入库验收单、调拨单、退料单等。

（2）用于收、管、发中的问题处理凭证。主要有库存物资规格调整单、事故报告单、库存物资盈亏申请表、物资储（运）损耗单、报废单等。

（3）用于信息传递单据。主要有物资查询单、不能验收报告单等。

（4）反映库存情况的资料。主要有物资明细账、物资盘点清册等。

91. 物资保管基础资料的作用是什么？

物资保管基础资料是物资保管部门在物资仓储过程中各项活动情况的综合记载，是物资统计、财务核算、综合分析、信息处理的依据，是一项最基本的基础工作。因此，加强对物资保管基础资料的管理，对于进一步提高物资管理水平，有秩序地进行仓储管理活动，减少物资损失，避免收发差错，不断提高经济效益起着重要的促进作用。

92. 物资保管基础资料的管理一般有哪几点要求？

（1）各种资料应按月装订成册。当年的资料可在资料形成单位或使用单位保管，跨年资料应移送档案室统一管理，以便随时查阅。

（2）各种入档资料应按其资料的性质，分别建立档案号，如物资明细账、收发料单等。

（3）入档的资料应按时间顺序进行管理，以便随时查阅。

(4) 建立健全档案管理制度，做到入档有记录，借阅有登记。

(5) 各种资料按规定期限保存，一般最短不低于3年，最长不超过10年。超过保存期限的资料可统一进行销毁，销毁时应有销毁记录，销毁记录包括销毁资料的名称、数量、档案号及销毁时间、地点、销毁人和批准人等。

(6) 归档资料按保密级别进行管理。

93. 什么情况下填制物资运输损耗报告单？

物资在运输过程中发生损耗和损失，且在规定损耗标准内，按运损处理时填制物资运输损耗报告单。

94. 什么情况下填制物资储存合理损耗报告单？

库存物资在保管过程中发生损失，且在损耗标准规定的范围内，按储存损耗处理时填制物资储存合理损耗报告单。

95. 库存物资规格调整必须具备哪些条件？

(1) 两项物资必须是一盈一亏。

(2) 两项物资的名称相同，规格不同，或名称型号相同，规格不同。

(3) 调整的数量必须相等。

96. 规格调整单应怎样记账？

(1) 原列项物资记入发出栏内，结存栏减少；应列项物资记入收入栏内，结存栏增加。

(2) 差额栏内的金额不记入账面，摘要栏记"规格调整"，用蓝笔记账。

97. 物资储存合理损耗报告单应怎样记账？

物资储存合理损耗报告单记账时，损耗的数量、金额用蓝（黑）笔记入账面的发出栏，结存栏数量、金额减少，账面摘要栏记"储损"或"储耗"。

98. 物资验收计量合理误差核销单应怎样记账？

收料计量差核销单记账时，应核销的误差数量、金额记入账面收入栏，盈差用蓝（黑）笔记账，结存栏数量、金额增加；亏差用红笔记账，结存栏数量、金额减少。账面摘要栏记"计量差"。

99. 库存物资盈亏申请表应怎样记账？

（1）盘盈时，记在账面收入栏，结存栏增加。

（2）盘亏时，记在账面发出栏，结存栏减少。

三、HSE 知识

（一）名词解释

1. **危险化学品**：具有毒害、腐蚀、爆炸、燃烧、助燃等性质，对人体、设施、环境具有危害的剧毒化学品和其他化学品。

2. **工作前安全分析**：事先或定期对某项工作任务进行风险评价，并根据评价结果制定和实施相应的控制措施，达到最大限度消除或控制风险的方法。

3. **"三违"行为**：违章指挥、违章作业（操作）、违反劳动纪律。

4. **安全生产基本方针**：安全第一、预防为主、综合治理。

5. **三级安全教育**：厂级安全教育、车间级安全教育、班组级安全教育。

6. 直线责任：各级业务负责人对各自承担工作的 HSE 管理职责，做到"谁主管谁负责、谁组织谁负责、谁执行谁负责"。

7. 四不伤害：不伤害自己、不伤害他人、不被他人伤害、保护他人不受伤害。

8. 四不放过：事故原因未查清不放过；责任人员未受到处理不放过；事故责任人和周围群众没有受到教育不放过；事故制定的切实可行的整改措施未落实不放过。

9. 属地管理：对属地内的管理对象按标准和要求进行组织、协调、领导和控制，属地主管即是属地的直接管理者；每个员工对自己岗位涉及的生产作业区域的安全环保负责，包括对区域内设备设施、工作人员和施工作业活动的安全环保负责，做到"谁的领域谁负责、谁的区域谁负责、谁的属地谁负责"。

10. 两册：基层队（站）管理手册和基层队（站）标准化操作手册。

11. 两卡：岗位操作卡和应急处置卡。

12. 风险：某一特定危害因素发生事故的可能性和所引发事故后果严重性的组合，它是人们对危害因素的一种主观评价。

13. 危害因素：可能导致人身伤害和（或）健康损坏、财产损失、工作环境破坏、有害的环境影响的根源、状态或行为，或其组合。

（二）问答

1. 工作中需要识别的标志图有哪些？

货物包装储运标志图、危险货物包装标志图、安全禁止标志图、安全警告标志图、安全指令标志图、安全提示标志图（见附录 1～3）。

2. 安全帽的使用要求有哪些？

（1）安全帽的使用应按照产品使用说明进行。

（2）安全帽在使用时应戴正、戴牢，锁紧帽箍，配有下颚带的安全帽应系紧下颚带，确保在使用中不发生意外脱落。

（3）帽衬调整后的内部尺寸、垂直间距、佩戴高度、水平间距应符《头部防护 安全帽》（GB 2811—2019）要求。

（4）使用前应检查安全帽是否有外观缺陷，各部件是否完好、无异常。

（5）不应随意在安全帽上拆卸或添加附件，以免影响其原有的防护性能。

（6）不应擅自在安全帽上打孔，不应用刀具等锋利、尖锐物体刻划、钻钉安全帽。

（7）不应擅自在帽壳上涂敷油漆、涂料、汽油、溶剂等。

（8）不应随意碰撞挤压，或将安全帽用作除佩戴以外的其他用途，例如坐压、砸坚硬物体等。

（9）使用者应确保安全帽内永久标识齐全、清晰。

3. 仓库保管工 HSE 职责是什么？

（1）负责贯彻落实有关 HSE 的法律、法规和上级有关 HSE 的规章制度。

（2）负责制定和履行 HSE 承诺书内容。

（3）负责贯彻落实"反违章禁令""保命条款"中的各项规定，及时制止、纠正"三违"行为。

（4）负责工作前安全分析和属地管理等风险控制工具、方法在本岗位的落实。

（5）参与非常规作业、特殊作业前安全分析、风险识别，对关键工序和特殊作业风险消减控制措施落实情况进行监控。

（6）按照公司QHSE管理体系标准做好物资管理工作，面向生产，保证24h为生产服务。

（7）负责入库物资的检验、验收、标识和储存、保管、保养、发放等日常管理工作。

（8）管好库存物资材料，严格按"四号定位""五五摆放"原则进行管理，达到库内、库外清洁卫生规格化。

（9）及时、准确、清晰地填写各种上交报表、留存资料。

（10）负责所有原始物资资料的填写、收集与汇总、保管工作。

（11）负责包装容器回收、交旧领新和废旧物资保管，开展修旧利废工作。

（12）参加各种HSE活动和培训教育工作，掌握本岗位危害因素的识别和相应的控制措施等相关HSE知识，提高本岗位事故预防和应急处置能力。

（13）负责执行持证上岗和劳保穿戴的有关规定。

（14）负责在发生事故、事件时，执行应急处置预案，保护现场并立即报告。

（15）负责完成领导交办的其他HSE工作任务。

4. 根据燃烧物及燃烧特性不同，火灾可分为哪几类？

（1）A类火灾：指固体物质燃烧的火灾。

（2）B类火灾：指液体火灾和可溶化的固体物质燃烧的火灾。

（3）C类火灾：指可燃性气体燃烧的火灾。

(4) D类火灾：指金属燃烧的火灾。

(5) E类火灾：指物体带电燃烧的火灾。

5. 设置消防车通道的目的是什么？

设置消防车通道的目的是保证发生火灾时，消防车能畅通无阻，迅速到达火场，及时扑灭火灾，减少火灾损失。

6. 在防火重点部位应注意哪些方面？

不在这些场所吸烟和随意使用明火；不将易燃易爆物品带入防火重点部位；严格遵守各种安全标志、消防标志的要求，遵守各项防火安全制度，服从消防保卫人员的管制；劝阻违章人员，制止违章行为，维护防火重点部位的消防安全。

7. 火灾处置的"五个第一时间"是什么？

第一时间发现火情、第一时间报警、第一时间扑救初期火灾、第一时间启动消防设施、第一时间组织人员疏散。

8. 发生火灾如何报警？

首先立即拨打大庆油田火警电话5905119，其他特殊情况再拨打全市火警电话119。报火警时要讲清单位的详细地址（位置）及报警人的单位、姓名、联系电话，需说明燃烧物质、火势，待接警员重复确认报警信息后挂断电话。报警后要派人到主要路口等候，以便引导消防车迅速到火场。

9. 灭火的方法有哪些？

(1) 冷却法：是将灭火剂直接喷洒到燃烧物上，使可燃物的温度降低到自燃点以下，从而使燃烧停止的方法。

(2) 隔离法：隔离是将可燃物与助燃物、火焰隔离，控制火势蔓延的方法。

(3) 窒息法：采取适当的措施，阻止空气进入燃烧区或用惰性气体冲淡、稀释空气中的含氧量，使燃烧物质因缺氧而熄灭的方法。

（4）抑制法：是将化学灭火剂喷入燃烧区参与燃烧反应，终止燃烧的链反应而使燃烧物停止燃烧的方法。

10. 防火四项基本措施是什么？

防火四项基本措施是：控制可燃物、隔绝空气、消除火源、阻止火势蔓延。

11. 如何使用手提式干粉灭火器？

（1）迅速提灭火器至着火点的上风口。

（2）将灭火器上下颠倒几次，使干粉预先松动。

（3）拔下保险销。

（4）一只手握住喷嘴，另一只手紧握压把，用力下压，干粉即从喷嘴喷出。

（5）喷射时，将喷嘴对准火焰根部，左右摆动，由近及远，快速推进，不留残火，以防复燃。

12. 如何使用推车式干粉灭火器？

（1）将干粉灭火车推或拉至现场。

（2）右手抓着喷粉枪，左手顺势展开喷粉胶管，直至平直，不能弯折或打圈。

（3）除掉铅封，拔出保险销。

（4）用手按下供气阀门。

（5）左手把持喷粉枪管托，右手把持枪把，用手指扳动喷粉开关，对准火焰喷射，不断靠前，左右摆动喷粉枪，让干粉笼罩住燃烧区直至扑灭为止。

13. 二氧化碳灭火器使用时的注意事项有哪些？

（1）二氧化碳是窒息性气体，在空气不流通的火场使用后，必须及时通风。

（2）在灭火时，要连续喷射，防止余烬复燃，不可颠倒使用。

（3）使用中要戴上手套，动作要迅速，以防止冻伤。

（4）在室外使用时，不能逆风使用。

14. 干粉灭火器适用范围有哪些？

（1）碳酸氢钠（BC）干粉灭火器适用于易燃、可燃液体、气体及带电设备的初期火灾。

（2）磷酸铵盐（ABC）干粉灭火器除可用于上述几类火灾外，还可扑救固体物质的初期火灾。

（3）干粉灭火器不能扑救金属燃烧的火灾。

15. 灭火器外观检查有哪些内容？

（1）铅封：灭火器一经开启，必须按规定要求进行充装，充装后应作密封试验，并重新铅封。

（2）防腐：检查可见部分的完好程度，防腐层轻度脱落的应及时补好，有明显腐蚀的应送消防器材专修部门处理。

（3）零部件：检查零部件是否完整，有无松动、变形、锈蚀或损坏，装配是否合理。

（4）压力表：储压式灭火器的压力表指针应在绿色区域内。

（5）喷嘴：检查灭火器喷嘴是否堵塞，如堵塞应进行疏通。

16. 易燃物资的储存、搬运注意事项有哪些？

（1）此类物资在接运、搬运中，要远离火源、热源，避免包装破损渗漏。

（2）储存时，要分类存放在阴凉通风处，要防热源、火源，防暴晒，库内应注意通风。

17. 遇湿易燃物资的储存、搬运安全注意事项有哪些？

（1）此类物资接运、搬运中，要避免与水接触，要防水、防潮，避免雨、雪天库外露天作业。

（2）此类物资应存放在地势较高、干燥、通风、便于控制温度的库内，不允许露天存放。

18. 氧化剂和有机过氧化剂的储存、搬运安全注意事项有哪些？

（1）此类物资在接运、搬运时，要避免冲击、震动、摩擦，避免与热源接触。

（2）储存时，应分区、分类存放在阴凉通风的库内。

19. 如何正确佩戴安全帽？

（1）检查安全帽的拱带、缝合线、铆钉、下颏带等是否有异常情况。

（2）使用时将安全帽戴正、戴牢，不能晃动。

（3）调节好后箍，系好下颏带，扣好帽扣，以防安全帽脱落。

20. 如何使用 3M 全面型防毒面具？

（1）根据要进入场所的气体选择滤毒盒型号，并检查滤毒盒的有效期。

（2）先将滤毒盒的缺口与面罩上的小凸起对齐，然后将两者压在一起。

（3）顺时针转动滤毒盒（1/4 周）直至终点，同样方法安装另一个滤毒盒。

（4）将全面型防毒面具四条头带放松，将头带戴在头的后部，将面罩盖住脸。

（5）拉紧 4 条头带调整面罩与头部配合严密，先调节颈部的带子，然后调头前部的带子，不要将带子拉得过紧。

（6）使用者每次佩戴后都要做正压和负压密封性试验。

21. 如何佩戴安全带？

（1）使用前检查绳、带和自锁钩等附件是否齐全完好。

（2）将安全带穿在肩上。

（3）系好腰带扣、肩带扣。

（4）系好双腿带扣。

（5）将保险绳挂钩挂在安全带挂环上。

22. 梯子使用的安全注意事项有哪些？

（1）梯子使用时应放置稳定。在平滑面上使用梯子时，应采取端部套、绑防滑胶皮等防滑措施。直梯和延伸梯与地面夹角以 60°～70°为宜。

（2）若梯子用于人员上、下工作平台，其上端应至少伸出支撑点 1m。

（3）梯子最上两级严禁站人，并应有明显警示标识，严禁将梯子用作支撑架、滑板、跳板或其他用途。

23. 搬运毒害品及感染性物品的安全注意事项有哪些？

此类物资在搬运时，应根据其情况做好人身的防护措施，如戴口罩、护目镜、防护手套或防毒面具。避免与人体直接接触，避免包装破损、物资外溢。作业完，作业人员应立即洗漱。

24. 腐蚀品的储存、搬运安全注意事项有哪些？

（1）此类物资在接运、搬运时，首先应检查包装是否被腐蚀，以防作业时发生脱落危险。作业时，不准倾斜倒置，严禁背负或搂抱，应轻搬轻放。

（2）储存时，应根据特性分类存放，对一些怕冻的腐蚀品，应采取保温措施，对容易怕潮的应存放在通风干燥处，并远离金属物品。

25. 导致电气火灾的因素有哪些？

（1）导致电气火灾的因素有许多，如过载、短路、接触不良、电弧火花、漏电、雷电或静电等都能引起火灾。

（2）从电气防火角度看，电气火灾大都是因电气线路和设备的安装或使用不正确、电器产品质量差、雷击或静电以及管理不善等造成的。

26. 电开关防火的措施有哪些？

（1）安装电开关应与房内的防火要求相适应。在有爆炸危险的场所，应采用防爆型或防爆充油型的开关，否则开关应安装在室外。

（2）闸刀开关应安装在非燃烧材料制成的闸板上或闸盒内。

（3）开关的额定电流和额定电压均应和实际使用情况相适应。

（4）线路和设备应连接牢固，避免产生过大的接触电阻。

（5）单极开关必须接在火线上。

27. 引起静电火灾的条件有哪些？

（1）周围和空间必须有可燃物存在。

（2）具有产生和累积静电的条件，其中包括物体自身或其周围与它相接触物体的静电起电的条件。

（3）静电累积到足够高的静电电位后，必将周围的空气介质击穿而产生放电，构成放电的条件。

（4）静电放电的能量不小于可燃物的最小点火能量。

28. 防止静电火灾的基本措施有哪些？

（1）做好各危险介质容器、管线的密闭工作。

（2）对轻烃泵房、压缩机厂房采取强制通风措施。

（3）操作人员进入生产装置区必须穿防静电工作服、工作鞋。

（4）进入轻烃泵房、轻烃储罐区、压缩机厂房等危险场所前应释放静电。

29. 如何拨打"120"急救电话？

（1）讲清患者所在的详细地址，不要含糊其词。

（2）简要叙述患者的病情，以便救护人员有所准备。

（3）报告呼救者姓名、电话号码，以防万一找不到地方，对方可与呼救者联系。

（4）呼救后应派人在路口等候救护车。

（5）及时清除影响搬运患者的杂物。

30. 仓库安全检查的主要方式及方法有哪些？

定期性检查、经常性检查、专业性检查、季节性检查、临时性检查。

第三部分 基本技能

一、操作说明

1. 计算期末账存、实存的操作。

准备工作：

（1）正确穿戴劳动保护用品。

（2）工用具、材料准备：计算器1个、钢笔或碳素笔1支。

操作程序：

（1）计算期末账存数量：期末账存数量＝期初账存数量＋验收单实收数量－运损数量－调拨单实发数量－应急出库单补单数量。

（2）计算期末实存数量：期末实存数量＝期初实存数量＋到货数量－调拨单实发数量－应急出库单数量。

2. 测量物资的操作。

准备工作：

（1）正确穿戴劳动保护用品。

（2）工用具、材料准备：游标卡尺1把、千分尺1把、记录纸1份、钢笔或碳素笔1支。

操作程序：

(1) 选择测量工具。

(2) 检查测量工具误差。

(3) 选择被测物资测量部位。

(4) 正确测量并读取读数。

操作安全提示：

使用游标卡尺时注意尖嘴部位，以免划伤。

3. 检验套管、油管外观质量的操作。

准备工作：

(1) 正确穿戴劳动保护用品。

(2) 工用具、材料准备：订货合同、产品标准、入库凭证、检验记录1份、钢笔或碳素笔1支。

操作程序：

(1) 取样。

① 按照到货批次进行抽样检验，按批次编号。

② 管体标识、管体的检验按到货批次抽样，每车抽样不少于2根。

③ 管体两端护丝的检验按到货批次的100%进行检验。

(2) 检验。

① 依据订货合同、产品标准、入库凭证，检查供货单位、物资名称、规格型号、数量、材质、合同号等。

② 检查管体、接箍有无缺陷（包括裂纹、划痕、凹坑等），有无锈蚀及锈蚀程度，有无弯曲。

③ 检查管体两端螺纹有无损坏等现象。

④ 填写"到库物资外观检验记录"（见附录4表1）。

操作安全提示：

检查时与管垛、管体保持安全距离，防止管体滚动砸伤。

4. 检验普通钢材外观质量的操作。

准备工作：

（1）正确穿戴劳动保护用品。

（2）工用具、材料准备：订货合同、产品标准、入库凭证、钢卷尺1把、游标卡尺1把、千分尺1把、超声波测厚仪1台、检验记录1份、钢笔或碳素笔1支。

操作程序：

（1）取样。

① 按照到货批次进行抽样检验，按批次编号。

② 每批次抽样2%检验，抽样最多不超过20组，必要时检验范围可扩大到5%。

（2）检验。

① 依据订货合同、产品标准、入库凭证，检查供货单位、物资名称、规格型号、材质、合同号等。

② 包装与标志的检验：

a. 包装检验：检查钢材的包装方式、捆扎道数、外包装使用的材料是否符合标准要求，捆扎的长度是否在规定范围等。

b. 标志的检验：钢材的标志，供方可用打钢印、喷印、盖印、挂标牌、粘贴标签和放置卡片等方法。标志应字迹清晰、牢固可靠。

③ 尺寸检验：检查材料尺寸及允许偏差是否在规定范围。

④ 质量检验：

a. 检查钢材的表面质量缺陷及外形缺陷，是否有刮伤、麻点、表面裂纹、折叠、表面夹杂等质量缺陷和弯曲、扭转、镰刀弯等形状缺陷。发现上述缺陷存在时，应扩大抽检比例直至全检。

b. 检查钢材表面的锈蚀面积大小，锈蚀产物的性状、色泽及锈蚀深度，以确定锈蚀程度。

⑤ 其他未尽事宜及验收、包装、标志等质量要求依据相关标准，进行资料、包装、标志及外观质量的检验。

⑥ 填写"到库物资外观检验记录"。

操作安全提示：

检查时与钢材保持安全距离，防止钢材滑落砸伤。

5. 检验钢丝绳外观质量的操作。

准备工作：

（1）正确穿戴劳动保护用品。

（2）工用具、材料准备：证件资料、游标卡尺1把、检验记录1份、钢笔或碳素笔1支。

操作程序：

（1）抽样。

① 按照到货数量的5%～10%抽样检验。

② 发现问题应扩大抽检比例直至全检。

（2）检验。

① 核对证件资料：依据订货合同、产品标准、验收包装标准、入库凭证、质量证明书、装箱单、货运单，检查供货日期物资名称、规格型号、数量是否相符。

② 检查钢丝绳的包装（防水覆盖物）情况。

③ 检查标志是否齐全。

④ 检验尺寸：检查钢丝绳的外径尺寸。

⑤ 检验质量：

a. 检查钢丝绳的锈蚀程度。

b.检查钢丝绳的外表是否有断裂。

⑥填写"到库物资外观检验记录"。

操作安全提示：

先查看整盘钢丝绳是否放稳固，然后再进行外观检验，以免砸伤。

6.检验建设用砂外观质量的操作。

准备工作：

(1)正确穿戴劳动保护用品。

(2)工用具、材料准备：订货合同、产品标准、入库凭证、货运单、标准砂石筛1套、台秤1台、检验记录1份、钢笔或碳素笔1支。

操作程序：

(1)取样。

①建设用砂以同一厂(商)、同期到货的一列车为一个取样批次，抽取一组样；不足一列按一组样抽取。取样点不应少于8个，每组试样质量不小于25kg。

②在料堆上取样时，取样部位应均匀分布。取样前先将取样部位表层铲除，然后从不同部位抽取大致等量的8份，组成一组样品。

③从火车上取样时，从不同部位和深度抽取大致等量的8份砂组成一组样品。

(2)检验。

①依据订货合同、产品标准、入库凭证、货运单，检查供货日期、物资名称、规格型号、数量是否相符。

②检查表体颗粒是否坚实、洁净、平整、规则等。

③检查是否含有害杂质，如黏土、泥灰、粉末、草根等。

④使用标准筛具筛选泥和黏土块、河卵石含量。

⑤填写"到库物资外观检验记录"。

操作安全提示：

（1）在料堆取样时注意坡度，以免滑倒碰伤。

（2）在火车上取样时注意不要碰到上部车厢门，以免掉下砸伤，并要注意中砂从车厢里滑落下来砸伤脚。

7.检验建设用河卵石外观质量的操作。

准备工作：

（1）正确穿戴劳动保护用品。

（2）工用具、材料准备：订货合同、产品标准、入库凭证、货运单、标准砂石筛1套、台秤1台、检验记录1份、钢笔或碳素笔1支。

操作程序：

（1）取样。

①河卵石以同一厂（商）、同期到货的一列车为一个取样批次，抽取一组样；不足一列按一组样抽取。河卵石取样点不能少于15个，每组试样质量不小于25kg。

②在料堆上取样时，取样部位应均匀分布。取样前先将取样部位表层铲除，然后从不同部位抽取大致等量的石子15份（在料堆的顶部、中部和底部均匀分布的15个不同部位取得），组成一组样品。

③从火车、汽车上取样时，从不同部位和深度抽取大致等量的16份石子组成一组样品。

（2）检验。

①依据订货合同、产品标准、入库凭证、货运单，检查供货日期、物资名称、规格型号、数量是否相符。

②检查表体是否平整、规则等。

③ 检查是否含有害杂质,如草根等。

④ 使用标准筛具筛选泥和黏土块、河卵石含量。

⑤ 填写"到库物资外观检验记录"。

操作安全提示:

(1) 在料堆取样时注意坡度,以免滑倒碰伤。

(2) 在火车上取样时注意不要碰到上部车厢门,以免掉下砸伤,并要注意河卵石从车厢里滑落下来砸伤脚。

8. 检验建设用碎石外观质量的操作。

准备工作:

(1) 正确穿戴劳动保护用品。

(2) 工用具、材料准备:订货合同、产品标准、入库凭证、货运单、标准砂石筛1套、台秤1台、检验记录1份、钢笔或碳素笔1支。

操作程序:

(1) 取样。

① 碎石以同一厂(商)、同期到货的一列车为一个取样批次,抽取一组样;不足一列按一组样抽取。碎石取样点不能少于15个,每组试样质量不小于25kg。

② 在料堆上取样时,取样部位应均匀分布。取样前先将取样部位表层铲除,然后从不同部位抽取大致等量的石子15份(在料堆的顶部、中部和底部均匀分布的15个不同部位取得),组成一组样品。

③ 从火车、汽车上取样时,从不同部位和深度抽取大致等量的16份石子组成一组样品。

(2) 检验。

① 依据订货合同、产品标准、入库凭证、货运单,检

查供货日期、物资名称、规格型号、数量是否相符。

②检查表体是否平整、规则等。

③使用标准筛具筛选泥土含量、碎石粒径。

④填写"到库物资外观检验记录"。

操作安全提示：

（1）在料堆取样时注意坡度，以免滑倒碰伤。

（2）在火车上取样时注意不要碰到上部车厢门，以免掉下砸伤，并要注意碎石从车厢里滑落下来砸伤脚。

9. 检验袋装水泥外观质量的操作。

准备工作：

（1）正确穿戴劳动保护用品。

（2）工用具、材料准备：订货合同、产品标准、入库凭证、货运车、台秤1台、检验记录1份、钢笔或碳素笔1支。

操作程序：

（1）取样。

①袋装水泥的外包装情况应在卸车过程中100%检验。

②对包装标志的检验，抽检比例是按到货批次的5%进行抽检。

③质量检验应按到货批次的5%进行抽检，如果发现有受潮、被雨淋、结块等质量问题的，应全部进行检验。

④按批次随机抽取20袋，用台秤计量数量的误差率。

（2）检验。

①卸车时进行外观检验，同时检查外包装标识。

②依据订货合同、产品标准、入库凭证、货运单，检查供货日期、物资名称、规格型号、数量是否相符。

③ 检查是否有受潮、结块等现象。
④ 用台秤计量数量的误差率。
⑤ 填写"到库物资外观检验记录"。

操作安全提示：

(1) 用台秤称量时注意防止水泥滑落砸脚。

(2) 在检验时应佩戴防尘口罩，以免吸入灰尘。

10．检验重晶石粉外观质量的操作。

准备工作：

(1) 正确穿戴劳动保护用品。

(2) 工用具、材料准备：订货合同、产品标准、入库凭证、货运单、台秤1台、检验记录1份、钢笔或碳素笔1支。

操作程序：

(1) 取样。

① 重晶石粉的外包装情况应100%检验。

② 对包装标志的检验，抽检比例是按到货批次的5%进行抽检。

③ 质量检验应按到货批次的5%进行抽检，如果发现有受潮、被雨淋、结块等质量问题的，应全部进行检验。

④ 每袋25kg包装的，按批次随机抽取20袋，用台秤计量数量的误差率。每袋1t包装的，每批次抽取1车用汽车衡或轨道衡计量。

(2) 检验。

① 卸车时进行外观检验，同时检查外包装标识。

② 依据订货合同、产品标准、入库凭证、货运单，检查供货日期、物资名称、规格型号、数量是否相符。

③ 检查是否有受潮、结块等现象。

④ 用台秤计量数量的误差率。

⑤ 填写"到库物资外观检验记录"。

操作安全提示：

（1）用台秤称量时注意防止重晶石粉滑落砸脚。

（2）在检验时应佩戴防尘口罩，以免吸入灰尘。

11. 检验煤炭外观质量的操作。

准备工作：

（1）正确穿戴劳动保护用品。

（2）工用具、材料准备：订货合同、产品标准、入库凭证、货运单、台秤1台、直尺1把、检验记录1份、钢笔或碳素笔1支。

操作程序：

（1）取样。

① 以同一厂（商）、同期到货的一列车为一个取样批次，抽取一组样；不足一列按一组样抽取。

② 保管人员应在卸车后推倒前对到货煤炭取样。

③ 取样时，从煤堆的上中下分五处进行取样，取样部位应均匀分布。在煤堆下部取样时，应距堆底20cm。

④ 每组样总质量不少于15kg。

（2）检验。

① 依据订货合同、产品标准、入库凭证、货运单，检查供货日期、物资名称、规格型号、数量是否相符。

② 检查表面色泽、亮度等。

③ 将煤炭中的煤矸石挑出，使用台秤称重。

④ 计算煤矸石含量。

⑤ 填写"到库物资外观检验记录"。

操作安全提示：

(1) 在料堆取样时注意坡度，以免滑倒碰伤。

(2) 在火车上取样时注意不要碰到上部车厢门，以免掉下砸伤，并要注意防止煤炭从车厢里滑落下来砸伤脚。

(3) 在检验时应佩戴防尘口罩，以免吸入灰尘。

12. 检验碱、盐外观质量的操作。

准备工作：

(1) 正确穿戴劳动保护用品。

(2) 工用具、材料准备：订货合同、入库凭证、台秤1台、检验记录1份、钢笔或碳素笔1支。

操作程序：

(1) 取样。

① 标识检验按到货批次的3%进行抽样检验。

② 外观质量检验按到货批次的100%进行检验。

③ 每批次随机抽取20袋（桶），用台秤计量数量的误差率。

(2) 检验。

① 依据订货合同、入库凭证，检查供货单位、物资名称、规格型号、数量、生产日期、单重等。

② 检查外包装有无锈蚀、渗漏、残损、封口不严。

③ 对袋装的产品应检查外包装是否破损，是否有被沾污、受潮、雨淋、结块等问题。

④ 合同对产品包装有明确要求的，按合同要求进行检验。

⑤ 填写"到库物资外观检验记录"。

操作安全提示：

用台秤称量时注意防止碱、盐滑落砸脚。

13. 检验布料外观质量的操作。

准备工作：

(1) 正确穿戴劳动保护用品。

(2) 工用具、材料准备：订货合同、产品标准、入库凭证、米尺1把、检验记录1份、钢笔或碳素笔1支。

操作程序：

(1) 取样。

① 布料的外包装100%检验。

② 检查布料的外包装状况。

(2) 检验。

① 依据订货合同、产品标准、入库凭证，检查供货日期、物资名称、规格型号、数量是否相符。

② 检查布料的外包装状况。

a. 检查外包装表面有无破损、受潮、沾污等问题。

b. 检查外包装标志：生产厂家、品名、货号、数量、出厂日期。

c. 成品内应有检验合格证。

③ 检查布料的本体质量。

a. 检查本体质量有无受潮、沾污、虫蛀等问题。

b. 测量幅宽。

④ 填写"到库物资外观检验记录"。

操作安全提示：

检验布料时要轻拿轻放，以免砸伤。

14. 检验安全帽外观质量的操作。

准备工作：

(1) 正确穿戴劳动保护用品。

（2）工用具、材料准备：订货合同、产品标准、入库凭证、检验记录1份、钢笔或碳素笔1支。

操作程序：

（1）取样。

① 安全帽的外包装100%检验。

② 本体外观质量按5%比例抽检。如有问题可以扩大检验比例，直至全检。

（2）检验。

① 依据订货合同、产品标准、入库凭证，检查供货日期、物资名称、规格型号、数量是否相符。

② 检查安全帽的外包装状况。

a.检查外包装表面有无破损、受潮、沾污等问题。

b.检查外包装标识：产品名称、产品商标、生产厂家、厂址、数量、产品标准编号、生产批号、生产许可证编号等。

c.成品内应有检验合格证。

③ 检查安全帽的本体质量：有无损伤、沾污、色差等问题。

④ 填写"到库物资外观检验记录"。

操作安全提示：

检验安全帽时要轻拿轻放，以免砸伤。

15.检验滤料外观质量的操作。

准备工作：

（1）正确穿戴劳动保护用品。

（2）工用具、材料准备：订货合同、产品标准、入库凭证、货运单、台秤1台、检验记录1份、钢笔或碳素笔1支。

操作程序：

(1) 取样。

① 滤料的外包装情况应 100% 检验。

② 对包装标志的检验，抽检比例是按到货批次的 5% 进行抽检。

③ 按批次随机抽取 20 袋，用台秤计量数量的误差率。

(2) 检验。

① 卸车时进行外观检验，同时检查外包装标识。

② 依据订货合同、产品标准、入库凭证、货运单，检查供货日期、物资名称、规格型号、生产厂家、数量是否相符。

③ 用台秤计量数量的误差率。

④ 填写"到库物资外观检验记录"。

操作安全提示：

用台秤称量时注意防止滤料掉落砸脚。

16. 填写验收记录的操作。

准备工作：

(1) 正确穿戴劳动保护用品。

(2) 工用具、材料准备：验收记录 1 份、钢笔或碳素笔 1 支。

操作程序：

(1) 填写"验收记录"（见附录 4 表 2）。

① 填写验收年月、到货时间、供货单位、发站、车号、运单号、调拨单号、合同号、单据到达时间。

② 填写物资名称及规格、计量单位、应收数量、实收数量、验收时间、验收单号。

③ 填写计量情况、质检情况、交料人、验收人、查询

单号、报损单号、不能验收单号、事故单号、情况记载。

(2) 填写规范。

17. 填写料签的操作。

准备工作：

(1) 正确穿戴劳动保护用品。

(2) 工用具、材料准备：料签1份、钢笔或碳素笔1支。

操作程序：

(1) 填写"料签"（见附录4表3）。

① 填写四号定位、物资代码、名称、规格型号、计量单位、单价、储备定额。

② 确定库存数量。

(2) 填写规范。

18. 填写磅（尺）码单的操作。

准备工作：

(1) 正确穿戴劳动保护用品。

(2) 工用具、材料准备：磅（尺）码单1份、钢笔或碳素笔1支。

操作程序：

(1) 填写"磅（尺）码单"（见附录4表4）。

① 填写器材名称、规格、四号定位、班次、审核人、汇算人、检测人、日期。

② 填写数量，计算"小计"和"本页数量"并填写。

(2) 填写规范。

19. 填写磅（尺）码单汇总表的操作。

准备工作：

(1) 正确穿戴劳动保护用品。

（2）工用具、材料准备：磅（尺）码单汇总表1份、钢笔或碳素笔1支。

操作程序：

（1）填写"磅（尺）码单汇总表"（见附录4表5）。

① 填写编号、物资编码、合同号、名称规格、存放地点、单价、单重。

② 填写日期、凭证编号、摘要、收入数量、发出数量、结存数量。

③ 填写班次、审核人、检测人、日期、车号、运单号、验收单号。

（2）填写规范。

20.验收开关的操作。

准备工作：

（1）正确穿戴劳动保护用品。

（2）工用具、材料准备：物资入库验收单1份、计算器1个、钢笔或碳素笔1支。

操作程序：

（1）验收准备：确定存放地点、位置、堆码垛形和保管方法；准备堆码、苫垫材料，准备装卸、搬运所需的设备、工具、人力等；准备检测工具和计量仪器；收集、核对验收凭证、单据和有关资料。

（2）核对凭证：核对随物资料（即对供货单位及承运单位提供的质量证明书、合格证、材质证、发货单、运单等进行核对）和入库凭证（即对采购单位开具的入库单内容逐项审核，包括入库单抬头、供货单位、日期、制单人、大类、物资名称、规格型号、数量等）。

（3）检验实物：物资数量验收、物资外观验收、物资品质检验等内容。

（4）验收入库：验收合格的物资，保管人员进行验收确认。

（5）填写记录：填写"验收质检记录"等相关记录，对检尺过磅物资填制"磅（尺）码单"或"磅（尺）码单汇总表"。

（6）填写"物资入库验收单"（见附录4表6）。

① 填写供货单位、到货日期、验收日期、制单日期及验收单号。

② 填写序号、物资的名称、规格型号、代码、计量单位及计划单价。

③ 填写物资应收、实收的数量及金额。

④ 填写合同号、资料到达日期、合格证的份数、查询单号。

⑤ 填写发站、到站、车数、车号、运单号。

⑥ 填写验收单位、保管员、组长、稽核员、备注。

（7）将填制的单据录入 ERP 系统。

21. 验收地砖的操作。

准备工作：

（1）正确穿戴劳动保护用品。

（2）工用具、材料准备：物资入库验收单1份、物资明细账1份、计算器1个、钢笔或碳素笔1支。

操作程序：

（1）验收准备：确定存放地点、位置、堆码垛形和保管方法；准备堆码、苫垫材料，准备装卸、搬运所需的设备、工具、人力等；准备检测工具和计量仪器；收集、核对验收凭证、单据和有关资料。

（2）核对凭证：核对随物资料（即对供货单位及承运单位提供的质量证明书、合格证、材质证、发货单、运单等进行核对）和入库凭证（即对采购单位开具的入库单内容逐项审核，包括入库单抬头、供货单位、日期、制单人、大类、物资名称、规格型号、数量等）。

（3）检验实物：物资数量验收、物资外观验收、物资品质检验等内容。

（4）验收入库：验收合格的物资，保管人员进行验收确认。

（5）填写记录：填写"验收质检记录"等相关记录，对检尺过磅物资填制"磅（尺）码单"或"磅（尺）码单汇总表"。

（6）填写"物资入库验收单"。

① 填写供货单位、到货日期、验收日期、制单日期及验收单号。

② 填写序号、物资名称、规格型号、代码、计量单位及计划单价。

③ 填写应收、实收的数量及金额。

④ 填写合同号、资料到达日期、合格证的份数、查询单号、发站、到站、车数、车号、运单号、验收单位、保管员、组长、稽核员、备注。

（7）填写"物资明细账"（见附录4表7）。

① 填写四号定位、物资代码号、物资名称、规格、计量单位及计划单价。

② 填写日期、凭证编号、摘要。

③ 填写收入及结存的数量、金额，稽核员核对签章。

（8）将填制的单据录入ERP系统。

22. 验收圆钢的操作。

准备工作：

（1）正确穿戴劳动保护用品。

（2）工用具、材料准备：物资入库验收单 1 份、物资验收计量合理误差核销单 1 份、物资明细账 1 份、计算器 1 个、钢笔或碳素笔 1 支。

操作程序：

（1）验收准备：确定存放地点、位置、堆码垛形和保管方法；准备堆码、苫垫材料，准备装卸、搬运所需的设备、工具、人力等；准备检测工具和计量仪器；收集、核对验收凭证、单据和有关资料。

（2）核对凭证：核对随物资料（即对供货单位及承运单位提供的质量证明书、合格证、材质证、发货单、运单等进行核对）和入库凭证（即对采购单位开具的入库单内容逐项审核，包括入库单抬头、供货单位、日期、制单人、大类、物资名称、规格型号、数量等）。

（3）检验实物：物资数量验收、物资外观验收、物资品质检验等内容。

（4）验收入库：验收合格的物资，保管人员进行验收确认。

（5）填写记录：填写"验收质检记录"等相关记录，对检尺过磅物资填制"磅（尺）码单"或"磅（尺）码单汇总表"。

（6）填写"物资入库验收单"。

① 填写供货单位、到货日期、验收日期、制单日期及验收单号。

② 填写序号、物资名称、规格型号、代码、计量单位

及计划单价。

③ 填写应收、实收数量及金额。

④ 填写合同号、资料到达日期、质量证明书份数、查询单号、计量差单号、发站、到站、车数、车号、运单号、验收单位、保管员、组长、稽核员、备注。

(7) 填写"物资验收计量合理误差核销单"(见附录4表8)。

① 填写供货单位、到货日期、制单日期、单据编号、物资的名称、规格型号、代码、计量单位、计划单价、比例。

② 填写应收数量、计量数量、实收数量。

③ 填写标准规定计量差的数量、金额，实际合理计量差的数量、金额。

④ 填写验收单号、查询单号、车数、上报单位、保管员、稽核员。

(8) 填写"物资明细账"。

① 填写四号定位、物资代码号、物资名称、规格、计量单位、计划单价、日期、凭证编号、摘要。

② 填写收入及结存的数量、金额，稽核员核对签章。

(9) 将填制的单据录入 ERP 系统。

23. 验收灯泡的操作。

准备工作：

(1) 正确穿戴劳动保护用品。

(2) 工用具、材料准备：物资入库验收单1份、物资运输损耗报告单1份、物资明细账1份、计算器1个、钢笔或碳素笔1支。

操作程序：

(1) 验收准备：确定存放地点、位置、堆码垛形和保管方法；准备堆码、苦垫材料，准备装卸、搬运所需的设备、工具、人力等；准备检测工具和计量仪器；收集、核对验收凭证、单据和有关资料。

（2）核对凭证：核对随物资料（即对供货单位及承运单位提供的质量证明书、合格证、材质证、发货单、运单等进行核对）和入库凭证（即对采购单位开具的入库单内容逐项审核，包括入库单抬头、供货单位、日期、制单人、大类、物资名称、规格型号、数量等）。

（3）检验实物：物资数量验收、物资外观验收、物资品质检验等内容。

（4）验收入库：验收合格的物资，保管人员进行验收确认。

（5）填写记录：填写"验收质检记录"等相关记录，对检尺过磅物资填制"磅（尺）码单"或"磅（尺）码单汇总表"。

（6）填写"物资入库验收单"。

① 填写供货单位、到货日期、验收日期、制单日期及验收单号。

② 填写序号、物资的名称、规格型号、代码、计量单位及计划单价。

③ 填写物资应收、实收的数量及金额。

④ 填写合同号、资料到达日期、合格证份数、查询单号、运损单号、发站、到站、车数、车号、运单号、验收单位、保管员、组长、稽核员、备注。

（7）填写"物资运输损耗报告单"（见附录4表9）。

① 填写供货单位、到货日期、制单日期、单据编号、物资名称、规格型号、物资代码、计量单位、计划单价、比例。

② 填写应收数量、实收数量。

③ 填写标准规定损耗数量、金额及实际合理损耗数量、金额。

④ 填写验收单号、查询单号、车数、上报单位、保管员、日期、稽核员、日期。

(8) 填写"物资明细账"。

① 填写四号定位、物资代码号、物资名称、规格、计量单位、计划单价、日期、凭证编号、摘要。

② 填写收入及结存的数量、金额，稽核员核对签章。

(9) 将填制的单据录入 ERP 系统。

24. 验收焊管、纯碱的操作。

准备工作：

(1) 正确穿戴劳动保护用品。

(2) 工用具、材料准备：物资入库验收单 1 份、仓库物资到货申请查询报告单 1 份、物资明细账 1 份、计算器 1 个、钢笔或碳素笔 1 支。

操作程序：

(1) 验收准备：确定存放地点、位置、堆码垛形和保管方法；准备堆码、苫垫材料，准备装卸、搬运所需的设备、工具、人力等；准备检测工具和计量仪器；收集、核对验收凭证、单据和有关资料。

(2) 核对凭证：核对随物资料（即对供货单位及承运单位提供的质量证明书、合格证、材质证、发货单、运单等进行核对）和入库凭证（即对采购单位开具的入库单内容逐项审核，包括入库单抬头、供货单位、日期、制单人、大类、物资名称、规格型号、数量等）。

(3) 检验实物：物资数量验收、物资外观验收、物资品质检验等内容。

（4）验收入库：验收合格的物资，保管人员进行验收确认。

（5）填写记录：填写"验收质检记录"等相关记录，对检尺过磅物资填制"磅（尺）码单"或"磅（尺）码单汇总表"。

（6）填写"物资入库验收单"。

① 填写供货单位、到货日期、验收日期、制单日期、验收单号、序号、物资的名称、规格型号、代码、计量单位及计划单价。

② 填写物资应收、实收的数量及金额。

③ 填写合同号、资料到达日期、质量证明书份数、查询单号、发站、到站、车数、车号、运单号、验收单位、保管员、组长、稽核员、备注。

（7）填写"仓库物资到货申请查询报告单"（见附录4表10）。

① 填写供货单位、到货日期、发站、到站、车数、制单日期、单据编号、物资的名称、规格型号、代码、计量单位、单价。

② 填写发运、实到、应收、实收、查询数量、查询总价、验收检验结果。

③ 填写运单号、车号、合同号、上报单位、保管员、日期。

（8）填写"物资明细账"。

① 填写四号定位、物资代码号、物资名称、规格、计量单位、计划单价、日期、凭证编号、摘要。

② 填写收入及结存的数量、金额，稽核员核对签章。

（9）将填制的单据录入 ERP 系统。

25. 验收酒精的操作。

准备工作：

（1）正确穿戴劳动保护用品。

（2）工用具、材料准备：物资入库验收单1份、仓库物资到货申请查询报告单1份、物资明细账1份、计算器1个、钢笔或碳素笔1支。

操作程序：

（1）验收准备：确定存放地点、位置、堆码垛形和保管方法；准备堆码、苫垫材料，准备装卸、搬运所需的设备、工具、人力等；准备检测工具和计量仪器；收集、核对验收凭证、单据和有关资料。

（2）核对凭证：核对随物资料（即对供货单位及承运单位提供的质量证明书、合格证、材质证、发货单、运单等进行核对）和入库凭证（即对采购单位开具的入库单内容逐项审核，包括入库单抬头、供货单位、日期、制单人、大类、物资名称、规格型号、数量等）。

（3）检验实物：物资数量验收、物资外观验收、物资品质检验等内容。

（4）验收入库：验收合格的物资，保管人员进行验收确认。

（5）填写记录：填写"验收质检记录"等相关记录，对检尺过磅物资填制"磅（尺）码单"或"磅（尺）码单汇总表"。

（6）填写"物资入库验收单"。

① 填写供货单位、到货日期、验收日期、制单日期、验收单号、序号、物资的名称、规格型号、代码、计量单位

及计划单价。

②填写物资应收、实收的数量及金额。

③填写合同号、资料到达日期、合格证的份数、查询单号、发站、到站、车数、车号、运单号、验收单位、保管员、组长、稽核员、备注。

(7) 填写"仓库物资到货申请查询报告单"。

①填写供货单位、到货日期、发站、到站、车数、制单日期、单据编号、物资的名称、规格型号、代码、计量单位、单价。

②填写发运、实到、应收、实收、查询数量、查询总价、验收检验结果。

③填写运单号、车号、合同号、上报单位、保管员、日期。

(8) 填写"物资明细账"。

①填写四号定位、物资代码号、物资名称、规格、计量单位、计划单价、日期、凭证编号、摘要。

②填写收入及结存的数量、金额，稽核员核对签章。

(9) 将填制的单据录入ERP系统。

26. 码放无缝管的操作。

准备工作：

(1) 正确穿戴劳动保护用品。

(2) 工用具、材料准备：料架1组，料签1份、计算器1个、钢笔或碳素笔1支。

操作程序：

(1) 确定位置：将物资摆放到给定货位的划定区域内。

(2) 五五摆放。

① 按照压缝五或平行五的要求摆放。

② 摆放做到左整右零、后整前零、下整上零。

③ 摆放整齐。

(3) 填写"料签"。

① 填写四号定位、物资代码。

② 填写名称、规格型号、计量单位、单价。

③ 确定库存数量。

④ 将"料签"摆放到正确位置。

操作安全提示：

(1) 码放时两边固定，防止无缝管滚动。

(2) 码放时要放稳，以防无缝管滑落砸伤自己及身边的人员。

27.码放角钢的操作。

准备工作：

(1) 正确穿戴劳动保护用品。

(2) 工用具、材料准备：料架1组，料签1份、计算器1个、钢笔或碳素笔1支。

操作程序：

(1) 确定位置：将物资摆放到给定货位的划定区域内。

(2) 五五摆放。

① 按照重叠五的要求摆放。

② 摆放做到左整右零、后整前零、下整上零。

③ 摆放整齐。

(3) 填写"料签"。

① 填写四号定位、物资代码。

② 填写名称、规格型号、计量单位、单价。

③ 确定库存数量。

④将"料签"摆放到正确位置。

操作安全提示：

码放时要放稳，以防角钢滑落砸伤自己及身边的人员。

28. 码放管帽的操作。

准备工作：

（1）正确穿戴劳动保护用品。

（2）工用具、材料准备：料架1组，料签1份、计算器1个、钢笔或碳素笔1支。

操作程序：

（1）确定位置：将物资摆放到给定货位的划定区域内。

（2）五五摆放。

①按照平方五或平行五的要求摆放。

②摆放做到左整右零、后整前零、下整上零。

③摆放整齐。

（3）填写"料签"。

①填写四号定位、物资代码。

②填写名称、规格型号、计量单位、单价。

③确定库存数量。

④将"料签"摆放到正确位置。

操作安全提示：

码放时要轻拿轻放，以防管帽滑落砸伤自己及身边的人员。

29. 码放轴承的操作。

准备工作：

（1）正确穿戴劳动保护用品。

（2）工用具、材料准备：料架1组，料签1份、计算器1个、钢笔或碳素笔1支。

操作程序：

（1）确定位置：将物资摆放到给定货位的划定区域内。

（2）五五摆放。

①按照梅花五、重叠五或平行五的要求摆放。

②摆放做到左整右零、后整前零、下整上零。

③摆放整齐。

（3）填写"料签"。

①填写四号定位、物资代码。

②填写名称、规格型号、计量单位、单价。

③确定库存数量。

④将"料签"摆放到正确位置。

操作安全提示：

码放时要轻拿轻放，以防轴承滑落砸伤自己及身边的人员。

30. 码放梅花扳手的操作。

准备工作：

（1）正确穿戴劳动保护用品。

（2）工用具、材料准备：料架1组、料签1份、计算器1个、钢笔或碳素笔1支。

操作程序：

（1）确定位置：将物资摆放到给定货位的划定区域内。

（2）五五摆放。

①按照扇形五的要求摆放。

②摆放做到左整右零、后整前零、下整上零。

③摆放整齐。

（3）填写"料签"。

①填写四号定位、物资代码。

②填写名称、规格型号、计量单位、单价。

③确定库存数量。

④将"料签"摆放到正确位置。

操作安全提示：

码放时要轻拿轻放，以防梅花扳手滑落砸伤自己及身边的人员。

31. 填写存货盘点明细表的操作。

准备工作：

（1）正确穿戴劳动保护用品。

（2）工用具、材料准备：存货盘点明细表1份、计算器1个、钢笔或碳素笔1支。

操作程序：

根据所给盘点数据填写"存货盘点明细表"（见附录4表11）。

（1）填写填报单位、日期、金额单位。

（2）填写序号、物资代码、物资的名称、规格型号、计量单位、单价。

（3）填写账存数量、账存金额、实存数量、实存金额、盈亏数量、盈亏金额。

（4）计算并填写合计数量及金额。

（5）填写主管、监督人、盘点人。

32. 填写不能验收报告单的操作。

准备工作：

（1）正确穿戴劳动保护用品。

（2）工用具、材料准备：进库物资不能验收报告单1份、计算器1个、钢笔或碳素笔1支。

操作程序：

根据所给条件填写"进库物资不能验收报告单"（见附录4表12）。

（1）填写供货单位、到货日期、制单日期、单据编号。

（2）填写物资名称、规格型号、物资代码、计量单位。

（3）填写车号、运单号。

（4）填写数量、不能验收原因。

（5）填写上报单位、保管员、日期。

33. 处理螺纹钢、方钢出库计量误差的操作。

准备工作：

（1）正确穿戴劳动保护用品。

（2）工用具、材料准备：物资出库计量合理误差核销单1份、计算器1个、物资明细账1份、钢笔或碳素笔1支。

操作程序：

（1）计算盈亏数量：盈亏数量＝实存数量－账存数量。实存数量大于账存数量为盘盈，实存数量小于账存数量为盘亏。

（2）计算标准规定计量差数量：标准规定计量差数量＝本期发出数量×计量差率。

（3）根据标准规定计量差数量及盈亏数量确定上报的计量差数量（即实际合理计量差数量）。上报的计量差数量不能大于标准规定计量差数量，超出的部分根据实际情况报盘盈或盘亏。

（4）根据所给条件填写"物资出库计量合理误差核销单"（见附录4表13）。

① 填写类别、组别、制单日期、单据编号。

② 填写物资的名称、规格型号、代码、计量单位、计

划单价、比例。

③填写本期发出数量、账存数量、实存数量。

④填写标准规定计量差数量、金额。

⑤填写实际合理计量差数量、金额。

⑥填写计量误差原因。

⑦填写上报单位、保管员、日期、稽核员、日期。

⑧找相关单位填写批复意见、批复单位、批复人、日期。

(5) 填写"物资明细账"。

① 填写四号定位、物资代码号、物资名称、规格、计量单位及计划单价。

② 填写日期、编号、摘要。

③ 填写收入或发出及结存的数量、金额，稽核员核对签章。

34. 处理工业盐、酒精储存损耗的操作。

准备工作：

(1) 正确穿戴劳动保护用品。

(2) 工用具、材料准备：物资储存合理损耗报告单1份、物资明细账1份、计算器1个、钢笔或碳素笔1支。

操作程序：

(1) 计算盈亏数量：盈亏数量＝实存数量－账存数量。实存数量大于账存数量为盘盈，实存数量小于账存数量为盘亏。

(2) 计算标准规定储耗数量：标准规定储耗数量＝（期初库存数＋本期收入数）×储耗率。

(3) 根据标准规定储耗数量及盈亏数量确定上报的储耗数量（即实际合理损耗数量）。上报的储耗数量不能大于标准规定储耗数量，超出的部分根据实际情况报盘盈或盘亏。

（4）根据所给条件填写"物资储存合理损耗报告单"（见附录4表14）。

① 填写类别、组别、制单日期、单据编号。

② 填写物资的名称、规格型号、代码、计量单位、计划单价、比例。

③ 填写本期收入数量、账存数量、实存数量。

④ 填写标准规定损耗数量、金额。

⑤ 填写实际合理损耗数量、金额。

⑥ 填写损耗原因。

⑦ 填写上报单位、保管员、日期、稽核员、日期。

⑧ 找相关单位填写批复意见、批复单位、批复人、日期。

（5）填写物资明细账。

① 填写四号定位、物资代码号、物资名称、规格、计量单位及计划单价。

② 填写日期、编号、摘要。

③ 填写发出及结存的数量、金额，稽核员核对签章。

35. 处理水泥、灯泡、电池、灯管规格调整的操作。

准备工作：

（1）正确穿戴劳动保护用品。

（2）工用具、材料准备：规格调整单1份、物资明细账2份、计算器1个、钢笔或碳素笔1支。

操作程序：

（1）计算盈亏数量：盈亏数量＝实存数量－账存数量。实存数量大于账存数量为盘盈、实存数量小于账存数量为盘亏。两项物资应为一盈一亏，且两项物资的名称相同，规格不同，或名称型号相同，规格不同。

（2）确定规格调整的数量，且调整的数量必须相等。

（3）确定原列栏和应列栏的物资名称规格型号，盘盈项填在应列栏，盘亏项填在原列栏。

（4）根据所给条件填写"规格调整单"（见附录4表15）。

① 填写类别、组别、制单日期、单据编号。

② 填写原列物资的代码、名称、规格型号、计量单位。

③ 填写原列物资的数量、单价、总价。

④ 填写应列物资的代码、名称、规格型号、计量单位。

⑤ 填写应列物资的数量、单价、总价。

⑥ 填写差额栏。

⑦ 填写调整原因。

⑧ 填写上报单位、保管员、日期、稽核员、日期。

⑨ 找相关单位填写批复意见、批复单位、批复人、日期。

（5）填写"物资明细账"（2份）。

① 填写四号定位、物资代码号、物资名称、规格、计量单位、计划单价、日期、凭证编号、摘要。

② 填写收入或发出及结存的数量、金额，稽核员核对签章。

36. 处理工业盐盈亏、酒精盈亏的操作。

准备工作：

（1）正确穿戴劳动保护用品。

（2）工用具、材料准备：库存物资盈亏申请表1份、物资明细账1份、计算器1个、钢笔或碳素笔1支。

操作程序：

(1) 根据所给条件填写"库存物资盈亏申请表"（见附录4表16）。

① 填写类别、组别、制单日期、单据编号。

② 填写物资的名称、规格型号、代码、计量单位、计划单价。

③ 填写账存数量、账存金额、实存数量、实存金额。

④ 填写盈亏数量、盈亏金额。

⑤ 填写盈亏原因。

⑥ 填写上报单位、保管员、日期、稽核员、日期。

⑦ 找相关单位填写批复意见、批复单位、批复人、日期。

(2) 填写"物资明细账"。

① 填写四号定位、物资代码号、物资名称、规格、计量单位、计划单价。

② 填写日期、编号、摘要。

③ 填写收入或发出及结存的数量、金额，稽核员核对签章。

37. 处理灯泡事故、灯管事故的操作。

准备工作：

(1) 正确穿戴劳动保护用品。

(2) 工用具、材料准备：物资事故报告单1份、物资明细账1份、计算器1个、钢笔或碳素笔1支。

操作程序：

(1) 根据所给条件填写"物资事故报告单"（见附录4表17）。

① 填写类别、组别、制单日期、单据编号。

② 填写物资的名称、规格型号、代码、计量单位、计划单价。

③ 填写事故数量、事故金额。

④ 填写事故原因。

⑤ 填写损坏情况。

⑥ 填写上报单位、保管员、日期、稽核员、日期、责任单位意见。

⑦ 找相关单位填写批复意见、批复单位、批复人、日期。

(2) 填写"物资明细账"。

① 填写四号定位、物资代码号、物资名称、规格、计量单位、计划单价。

② 填写日期、编号、摘要。

③ 填写收入或发出及结存的数量、金额,稽核员核对签章。

38. 发放螺纹钢、水泥、电池的操作。

准备工作:

(1) 正确穿戴劳动保护用品。

(2) 工用具、材料准备:物资调拨单1份、物资出库证1份、计算器1个、钢笔或碳素笔1支。

操作程序:

(1) 根据所给条件填写"物资调拨单"(见附录4表18)。

① 填写发料单编号。

② 填写实发数量及金额。

③ 填写发料人、发料日期、提料人、提料日期。

(2) 根据所给条件填写"大庆油田物资公司物资出库

证"（见附录4表19）。

① 填写领料单位、发料单编号、物资的名称、规格型号。

② 填写数量。

③ 填写运输方式、车号、发料组别、领料人、发料人、签发时间。

（3）出库准备：核对库存数量、原件物资的包装整理、零星物资的组配、分装等。

（4）审核凭证：对出库单的内容逐项审查，包括出库单的名称、领料单位、印签、日期、开单人、大类、物资名称、规格型号、数量、单价、金额等是否真实、有效。

（5）备货包装：按照出库凭证所列的物资名称、规格型号、数量进行备料，应做到"先进先出"。代运或送料到现场的物资，应打好包装。

（6）点交发运：向提料人或运输人当面点交出库物资及相关技术资料。物资移交后，提料人应在出库凭证上签字确认。物资出库装车时，保管人员应在现场进行监装。

（7）复核清理：按出库单核对结存数量。及时整理现场，清理库存物资、料场、货位。清查发货设备、工具，收集苫垫材料，整理好工具。

39. 发放圆钢、石粉、中板的操作。

准备工作：

（1）正确穿戴劳动保护用品。

（2）工用具、材料准备：物资调拨单1份、物资明细账1份、计算器1个、钢笔或碳素笔1支。

操作程序：

(1) 根据所给条件填写"物资调拨单"。

① 填写发料单编号。

② 填写实发数量及金额。

③ 填写发料人、发料日期、提料人、提料日期。

(2) 根据所给条件填写"物资明细账"。

① 填写单重、四号定位、物资代码号、计量单位及计划单价。

② 填写物资的名称、规格。

③ 填写日期、摘要、结存数量及金额。

④ 填写发料日期、编号、摘要。

⑤ 填写发出及结存的数量、金额，稽核员核对签章。

(3) 出库准备：核对库存数量、原件物资的包装整理、零星物资的组配、分装等。

(4) 审核凭证：对出库单的内容逐项审查，包括出库单的名称、领料单位、印签、日期、开单人、大类、物资名称、规格型号、数量、单价、金额等是否真实、有效。

(5) 备货包装：按照出库凭证所列的物资名称、规格型号、数量进行备料，应做到"先进先出"。代运或送料到现场的物资，应打好包装。

(6) 点交发运：向提料人或运输人当面点交出库物资及相关技术资料。物资移交后，提料人应在出库凭证上签字确认。物资出库装车时，保管人员应在现场进行监装。

(7) 复核清理：按出库单核对结存数量。及时整理现场，清理库存物资、料场、货位。清查发货设备、工具，收集苫垫材料，整理好工具。

40. 发放焊管的操作。

准备工作：

(1) 正确穿戴劳动保护用品。

(2) 工用具、材料准备：物资调拨单 1 份、磅（尺）码单汇总表 1 份、物资明细账 1 份、计算器 1 个、钢笔或碳素笔 1 支。

操作程序：

(1) 根据所给条件填写"物资调拨单"。

① 填写发料单编号。

② 填写实发数量及金额。

③ 填写发料人、发料日期、提料人、提料日期。

(2) 填写"磅（尺）码单汇总表"。

① 填写编号、物资编码、合同号、名称规格、存放地点、单价、单重。

② 填写日期、凭证编号、摘要、收入数量、发出数量、结存数量。

③ 填写班次、审核人、检测人、日期、车号、运单号、验收单号。

(3) 根据所给条件填写"物资明细账"。

① 填写单重、四号定位、物资代码号、计量单位及计划单价。

② 填写物资的名称、规格。

③ 填写日期、摘要、结存数量及金额。

④ 填写发料日期、编号、摘要。

⑤ 填写发出及结存的数量、金额，稽核员核对签章。

(4) 出库准备：核对库存数量、原件物资的包装整理、零星物资的组配、分装等。

（5）审核凭证：对出库单的内容逐项审查，包括出库单的名称、领料单位、印签、日期、开单人、大类、物资名称、规格型号、数量、单价、金额等是否真实、有效。

（6）备货包装：按照出库凭证所列的物资名称、规格型号、数量进行备料，应做到"先进先出"。代运或送料到现场的物资，应打好包装。

（7）点交发运：向提料人或运输人当面点交出库物资及相关技术资料。物资移交后，提料人应在出库凭证上签字确认。物资出库装车时，保管人员应在现场进行监装。

（8）复核清理：按出库单核对结存数量。及时整理现场，清理库存物资、料场、货位。清查发货设备、工具，收集苫垫材料，整理好工具。

二、常见故障判断与分析

1. 填写验收单常见问题有哪些？问题原因是什么？如何处理？

常见问题：

（1）验收单内容填写不齐全。

（2）实收数量填写不准确。

问题原因：

（1）保管员业务不熟练造成漏填。

（2）实收数量少于应收数量时，合理运损数量或计量差数量未计入验收的实收数量之中。

处理方法：

（1）把漏填的项目补齐。

（2）把合理运损数量或计量差数量计入验收的实收数量之中。

2. 填写验收记录常见问题有哪些？问题原因是什么？如何处理？

常见问题：

（1）验收记录内容填写不全，如质量、数量检验无记录。

（2）涂改方法不正确。

（3）对实物验收中发现的问题记录不明确。

问题原因：

（1）保管员业务不熟练造成漏填。

（2）不会涂改方法。

（3）验收中发现的问题不明确。

处理方法：

（1）保管员应对照验收凭证逐项填写齐全。

（2）按照正确方式涂改，在错处画一红线并在上方填写正确的数据或文字，然后加盖名章或签字，并注明更改日期。

（3）对实物验收中发现问题要如实确切地记载。

3. 填写物资明细账常见问题有哪些？问题原因是什么？如何处理？

常见问题：

（1）物资明细账内容填写不全。

（2）记账方式出现错误，如合理损耗用蓝笔记在明细账的发出栏内。

（3）登账错误，涂改账页。

问题原因：

（1）保管员业务不熟练或不认真造成漏填。

（2）保管员业务不熟造成记错账。

（3）登账不认真造成涂改。

处理方法：

（1）应根据验收单等记账凭证逐项填写齐全。

（2）如合理损耗用蓝笔记在明细账的发出栏内，应改成用红笔记入明细账的收入栏内。

（3）按照正确方式涂改，在错处画一红线并在上方填写正确的数据或文字，然后加盖名章或签字，并注明更改日期。

4.填写料签常见问题有哪些？问题原因是什么？如何处理？

常见问题：

（1）料卡内容填写不齐全，如无四号定位、无库存数量。

（2）料签与实物数量、名称、规格不符。

问题原因：

（1）保管员未及时核实造成漏填。

（2）未核对实物。

处理方法：

（1）应及时核实，查对实物，并立即逐项填写齐全。

（2）应立即与库存实物核对，找出原因并及时改正，做到卡、实相符。

5.验收物资数量常见问题有哪些？问题原因是什么？如何处理？

常见问题：

（1）到货物资出现数量短量。

（2）到货物资出现数量溢余。

问题原因：

（1）供货厂家少发，途中损耗，计量误差。

（2）供货厂家多发，计量误差。

处理方法：

（1）验收中发现物资数量短量，无运损标准、计量差标准的物资，直接查询处理。有运损标准、计量差标准的物资，凡亏量在合理运损耗、计量差范围以内的，实际损耗和计量差应计入验收单的实收数量中；超过合理运损耗、计量差标准的，保管员应进行查询处理。

（2）验收中发现物资数量溢余，无计量差标准的物资直接查询处理。有计量差标准的物资，在计量差范围内的，按计量差处理；超过计量差标准的按查询处理。

6.验收物资质量常见问题有哪些？问题原因是什么？如何处理？

常见问题：

（1）外观质量不合格。

（2）理化检验不合格。

问题原因：

（1）物资存在质量缺陷，或运输倒运过程造成的损坏。

（2）物资本身存在质量问题。

处理方法：

（1）对整批外观质量不合格物资，或部分质量不合格无法挑选的,应在货到三日内填制"进库物资不能验收报告单",上报质量管理部门。若存在部分外观质量不合格且能挑选分开的,保管员对合格部分进行验收,对不合格部分要单独堆码存放,并填制"仓库物资到货申请查询报告单",上报主管业务部门进行查询。

(2) 对理化检验不合格的物资,应在货到三日内填制"进库物资不能验收报告单",上报质量管理部门。

7. 物资验收核对资料常见问题有哪些?问题原因是什么?如何处理?

常见问题:

验收资料不全,如随物技术资料不全、物资入库通知单(即托收)未到等。

问题原因:

验收资料提供不及时。

处理方法:

保管员在货到三日内填制"进库物资不能验收报告单",上报主管业务部门进行处理。对不能验收的物资,要堆放在待验区,临时妥善保管,待资料齐全后,再进行验收。

8. 验收国外进口物资常见问题有哪些?问题原因是什么?如何处理?

常见问题:

数量损溢、质量缺陷和包装严重破损等问题。

问题原因:

国外售方提供的物资未达到要求。

处理方法:

属国外售方责任的,可通过商检局出证,按索赔程序办理。办理国外索赔的程序一般分为:向商检局报验;由商检局复验；由商检局出证；国家进口部门同国外售方交涉处理结案。对于保管员来说，要提供物资在验收中的有关数据和情况记录，配合做好索赔工作。

9. 验收核对合同常见问题有哪些？问题原因是什么？如何处理？

常见问题：

（1）无合同。

（2）超合同。

问题原因：

（1）未签订合同，或签订后未及时返到料组。

（2）供方发货数量超过合同数量，未及时补签合同。

处理方法：

对无合同和超合同到货，保管员需要在货到三日内填制"进库物资不能验收报告单"，上报主管业务部门进行处理。

10. 填写物资运输损耗报告单常见问题有哪些？问题原因是什么？如何处理？

常见问题：

（1）实收数量填错。

（2）实际损耗数量填错。

问题原因：

（1）未把合理损耗数量记入实收数量中。

（2）实际损耗数量大于标准损耗数量时未按标准损耗数量填写，实际损耗数量小于标准损耗数量时未按实际损耗数量填写。

处理方法：

（1）把合理损耗数量记入实收数量中。

（2）实际损耗数量大于标准损耗数量时按标准损耗数量填写，实际损耗数量小于标准损耗数量时按实际损耗数量填写。

11. 盘点检查常见问题有哪些？问题原因是什么？如何处理？

常见问题：

（1）物资规格发生混串。

（2）发现物资盈余和亏损。

（3）发现物资损坏不及时上报，并使其出库。

（4）对有保管期限的物资，未按规定时间上报造成物资损失。

问题原因：

（1）收发差错。

（2）储耗、出库计量差，或收发差错。

（3）保管不善。

（4）保管员盘点检查不认真。

处理方法：

（1）先进行实物调整，将其分别摆放到与之规格相符的货位上，重新核实各自的实际库存数量和账存数量，如还有混串，符合规格调整条件的可按规格调整要求处理，不符合规格调整条件的按盈亏处理。

（2）对符合储耗、出库计量差的物资按照储耗、出库计量差处理，不符合储耗、出库计量差或超过储耗、出库计量差标准的按盈亏处理。

（3）按业务事故处理。

（4）按业务事故处理。

12. 填写规格调整单常见问题有哪些？问题原因是什么？如何处理？

常见问题：

（1）原列栏物资与应列栏物资填写相互颠倒。

（2）单据上的内容填写不全，如调整原因漏填或填写不详细。

（3）记账不细，造成原列栏的物资记入明细账的收入栏、应列栏的物资记入明细账的发出栏。

问题原因：

保管员业务不熟练或工作不细。

处理方法：

（1）重新制单，把原列栏物资与应列栏物资按正确方式填写。

（2）把单据上漏填的内容填写齐全，原因不详的填写详细。

（3）按照正确涂改方式涂改后，把原列栏的物资记入明细账的发出栏，应列栏的物资记入明细账的收入栏。

13. 填写物资储存合理损耗报告单常见问题有哪些？问题原因是什么？如何处理？

常见问题：

（1）标准规定损耗数量填写错误。

（2）实际合理损耗数量填写错误。

（3）单据上的内容填写不全。

问题原因：

（1）计算公式错误或计算错误。

（2）标准损耗数量计算错误造成实际损耗数量填写错误。

（3）保管员业务不熟练或工作不细。

处理方法：

（1）用公式：（期初库存数量＋本期收入数量）× 储耗率，计算标准规定损耗数量。

（2）根据标准规定损耗数量确定实际合理损耗数量。实际合理损耗数量为实际损耗数量，但该数量不能大于标准规定损耗数量，超出部分按盈亏处理。

（3）把单据上漏填的内容填写齐全。

14. 填写物资出库计量合理误差核销单常见问题有哪些？问题原因是什么？如何处理？

常见问题：

（1）标准规定计量差数量填写错误。

（2）实际合理计量差数量填写错误。

（3）单据上的内容填写不全。

问题原因：

（1）计算公式错误或计算错误。

（2）标准规定计量差数量计算错误造成实际合理计量差数量填写错误。

（3）保管员业务不熟练或工作不细。

处理方法：

（1）用公式：本期发出数量 × 计量差率，计算标准规定计量差数量。

（2）根据标准规定计量差数量确定实际合理计量差数量。实际合理计量差数量为实际计量差数量，但该数量不能大于标准规定计量差数量，超出部分按盈亏处理。

（3）把单据上漏填的内容填写齐全。

15. 填写库存物资盈亏申请表常见问题有哪些？问题原因是什么？如何处理？

常见问题：

（1）盈亏数量填写错误，盘盈项填到盘亏栏，盘亏项填到盘盈栏。

（2）单据上的内容填写不全，如盈亏内容漏填或填写不详细。

问题原因：

（1）计算错误，盈亏栏误填。

（2）保管员业务不熟练或工作不细。

处理方法：

（1）用实存数量减去账存数量即为盈亏数量，大于零为盘盈，小于零为盘亏。盘盈填到盘盈栏，盘亏填到盘亏栏。

（2）把单据上漏填的内容填写齐全，原因填写详细。

16. 填写事故报告单常见问题有哪些？问题原因是什么？如何处理？

常见问题：

（1）事故数量填写错误。

（2）单据上的内容填写不全，如事故原因填写不详细。

问题原因：

（1）事故数量概念不清。

（2）保管员业务不熟练或工作不细。

处理方法：

（1）填上正确事故数量，即发生事故的实际数量。

（2）把单据上漏填的内容填写齐全，详尽写明事故发生的经过及原因。

17. 码放物资常见问题有哪些？问题原因是什么？如何处理？

常见问题：

（1）堆码不合理，造成不同规格、材质的物资堆放在一起，或合格品与不合格品堆放在一起。

（2）堆码不牢固出现倾斜、倒塌。

（3）物资堆码时，零头位置摆放不对。

（4）未按照物资性质及外包装标志要求装卸倒运，造成物资损坏。

问题原因：

（1）未按照堆码的合理要求进行堆码。

（2）未按照堆码牢固要求堆码。

（3）未按照零头摆放要求摆放。

（4）未按照物资性质及外包装标志要求装卸倒运。

处理方法：

（1）重新码放，把不同规格、材质的物资分开码放，合格品与不合格品分开码放。

（2）应重新根据物资本身的形状，选择合理的堆码形式，做到堆码牢固。

（3）应按照"左整右零""后整前零""下整上零"的要求重新码放。

（4）对造成物资损坏的，应及时查清物资破损程度，填制"物资事故报告单"，上报管理部门处理。

18. 物资下垫常见问题有哪些？问题原因是什么？如何处理？

常见问题：

（1）下垫材料选择不当，致使被堆码物资压弯、压断，造成物资倒塌或损坏。

(2) 地面未铺平夯实，造成堆码物资倾斜或下沉。

(3) 下垫物料高度不够，造成物资被水浸或潮湿。

问题原因：

(1) 保管员经验不足或业务不熟练造成下垫材料选择不当。

(2) 未做到铺平夯实要求。

(3) 下垫未做到库房管理要求，致使下垫物料高度不够。

处理方法：

(1) 选用合适的下垫材料，重新码垛。造成物资损坏部分，应及时填制"物资事故报告单"，上报管理部门处理。

(2) 应及时倒垛，铺平夯实地基后重新码垛。

(3) 应及时倒垛，重新按规定加高下垫材料后码垛。若物资受损，应及时填制"物资事故报告单"，上报管理部门处理。

19. 物资苫盖常见问题有哪些？问题原因是什么？如何处理？

常见问题：

(1) 苫盖物（如篷布）没有拴扎牢固，脱落或部分被风掀起。

(2) 苫盖材料选择不当，不符合防火规定。

(3) 在垛顶不平、凹陷的情况下进行苫盖，造成垛顶积水。

问题原因：

(1) 工作不认真造成拴扎不牢固。

(2) 业务不熟练造成苫盖材料选择不当。

(3) 苫盖不符合规定要求。

处理方法：

(1) 应及时拴扎牢固，妥善盖好堆码物资。若物资受损，应及时填制"物资事故报告单"，上报管理部门处理。

(2) 更换符合安全防火要求的苫盖物。

(3) 应及时撤掉苫盖物，重新堆码，使垛顶平整后进行苫盖。若积水渗入，造成物资受损的，应及时填制"物资事故报告单"，上报管理部门处理。

20. 核对出库凭证真伪常见问题有哪些？问题原因是什么？如何处理？

常见问题：

出库凭证假冒、复制、涂改，或对出库凭证有疑点及情况不清。

问题原因：

用料单位假冒、复制、涂改出库凭证。

处理方法：

应及时与调拨人员联系，查明原因，必要时应与保卫部门联系，以便妥善处理。

21. 出库凭证与库存核对常见问题有哪些？问题原因是什么？如何处理？

常见问题：

(1) 出库凭证调拨数量大于库存数量。

(2) 仓库无货。

问题原因：

调拨人员未核对库存。

处理方法：

保管员应及时通知调拨人员，同时应做好记录，记录内容包括时间、用料单位、凭证号、开单数量、库存数量等，以便分清责任。

22. 核对出库凭证日期常见问题有哪些？问题原因是什么？如何处理？

常见问题：

出库凭证超过有效期限。

问题原因：

用料单位开单后未及时到库房提料造成出库凭证超期。

处理方法：

由用料单位重新开具出库凭证方可发料。

23. 核对出库凭证种类常见问题有哪些？问题原因是什么？如何处理？

常见问题：

发现白条子作为物资出库凭证。

问题原因：

违反物资仓储管理原则开具白条子作为物资出库凭证。

处理方法：

任何白条子都不能作为物资出库的凭证，保管员接到此凭证不予发料，抢险救灾用料可凭生产值班调度部门签发的调度令出库。

24. 用户审核料单规格常见问题有哪些？问题原因是什么？如何处理？

常见问题：

用户发现料单规格开错。

问题原因：

用户未认真审核。

处理方法：

在提货时，用户发现规格开错，保管员不得随意调换，必须通过调拨员更改或重新开单后方可发货。

25. 待验物资出库常见问题有哪些？问题原因是什么？如何处理？

常见问题：

物资未入账，调拨员不能开具正式出库凭证。

问题原因：

物资未验收。

处理方法：

物资已到库但还没有验收而工程又急需的物资，保管员可凭由主管领导签发的"物资应急出库单"（见附录4表20）发货。

26. 物资出库在备料、点交核对质量时常见问题有哪些？问题原因是什么？如何处理？

常见问题：

发现有质量问题的物资。

问题原因：

未把好物资验收质量关，致使质次物资入库，或因保管不善使物资出现质量问题。

处理方法：

发现质量问题的物资，保管员应予以剔除，留待日后处理，不可以次充好，缺斤短两，短尺少寸。

27. 物资出库后，保管员核对账和实物常见问题有哪些？问题原因是什么？如何处理？

常见问题：

保管员发现账实不符。

问题原因：

收发过程中核对有误，或未及时入账。

处理方法：

保管员发现账实不符，要及时查找，以减少损失，不可久拖不决。

28. 以发代收物资出库常见问题有哪些？问题原因是什么？如何处理？

常见问题：

（1）未发现出库手续不全而办理出库。

（2）未做外观质量检验，造成质次物资出库。

（3）随物技术资料未交给用户。

问题原因：

（1）审核出库手续不认真。

（2）保管员不认真，未做外观质量检验。

（3）保管员不认真，未把随物技术资料交给用户。

处理方法：

（1）保管员要及时与用户联系补办手续。

（2）未做外观质量检验，造成质次物资出库的，按业务事故处理。

（3）随物技术资料未交给用户的，保管员要及时与用户联系，通知用户前来索取。

29. 物资应急出库单出库常见问题有哪些？问题原因是什么？如何处理？

常见问题：

（1）未按应急出库单使用范围发放物资。

（2）超过 7 天有效期限发料。

问题原因：

（1）审核应急出库单不认真。

（2）未审核开单日期，或不清楚应急出库单使用要求。

处理方法：

按业务事故处理。

30. 填写物资出库证常见问题有哪些？问题原因是什么？如何处理？

常见问题：

（1）提料人员签字不清楚。

（2）发出数量、用户单位、车型等内容填写不全。

问题原因：

（1）提料人签字不认真。

（2）保管员业务不熟练或工作不细。

处理方法：

（1）提料人员签字不清楚，应重新签字。

（2）发出数量、用户单位、车型等内容填写不全，应立即整改，补填齐全。

31. 物资出库前准备常见问题有哪些？问题原因是什么？如何处理？

常见问题：

机力、人力安排不当，造成物资不能按期发出。

问题原因：

未按发放要求及时合理安排机力、人力。

处理方法：

机力、人力安排不当，造成物资不能按期发出，保管员应与仓库调度部门联系调整，对给用户造成放空车的，视情节轻重按业务事故处理。

32. 物资出库复核常见问题有哪些？问题原因是什么？如何处理？

常见问题：

（1）发现出库物资数量有误、规格不符。

（2）发现技术资料配备不齐。

问题原因：

（1）数量计量错误、规格核对有误。

（2）技术资料未复核。

处理方法：

（1）及时调整，做到数量准确、规格相符。

（2）及时配齐技术资料。

33. 物资出库点交常见问题有哪些？问题原因是什么？如何处理？

常见问题：

（1）物资发错数量。

（2）点交时物资配套情况未向用户交代，造成用户不能及时使用。

问题原因：

（1）点交不认真。

（2）工作失误，致使物资配套情况未向用户交代。

处理方法：

（1）造成物资发错数量，应及时清查，无法处理的，按盈亏上报管理部门处理。

（2）应及时与用户沟通，向用户交代物资配套情况，如已造成用户不能及时使用而产生损失的，按业务事故处理。

34. 物资退库常见问题有哪些？问题原因是什么？如何处理？

常见问题：

(1) 退库手续不全。

(2) 造成非本库物资或质次物资退库。

(3) 记账时，误将实退数量、金额记入明细账收入栏。

问题原因：

(1) 用户退库手续未办理齐全。

(2) 保管员检查、检验不认真。

(3) 保管员业务不熟练或工作不细。

处理方法：

(1) 保管员及时与具体退库部门联系补办手续。

(2) 造成非本库物资或质次物资退库的，按业务事故处理。

(3) 保管员要立即采取正规涂改方式加以改正，用红笔记入明细账发出栏内。

附录1
货物包装储运图示标志

表1 标记

序号	标志名称	图形符号	含义	序号	标志名称	图形符号	含义
1	易碎物品		表明运输包装件内装有易碎物品，搬运时应小心轻放	2	禁用手钩		表明搬运、运输包装件时禁用手钩
3	向上		表明该运输包装件在运输时应竖直向上	4	怕晒		表明该运输包装件不能直接照晒
5	怕辐射		表明该物品一旦受辐射会变质或损坏	6	怕雨		表明该运输包装件怕雨淋
7	重心		表明该包装件的重心位置，便于起吊	8	禁止翻滚		表明搬运时不能翻滚该运输包装件
9	此面禁用手推车		表明搬运货物时此面禁止放在手推车上	10	禁用叉车		表明不能用升降叉车搬运的包装件

115

续表

序号	标志名称	图形符号	含义	序号	标志名称	图形符号	含义
11	由此夹起		表明搬运货物时可以夹持的面	12	此处不能卡夹		表明搬运货物时不能夹持的面
13	堆码质量极限		表明该运输包装件所能承受的最大质量极限	14	堆码层数极限		表明可堆码相同运输包装件的最大层数
15	禁止堆码		表明该包装件只能单层放置	16	由此吊起		表明起吊货物时挂绳索的位置
17	温度极限		表明该运输包装件应该保持的温度范围				

附录2
危险货物包装标志

表1 标记

序号	标记名称	标记图形	序号	标志名称	标记图形	序号	标志名称	标记图形
1	危害环境物质和物品标记		2	方向标记		3	高温运输标记	

表2 标签

序号	标签名称	标签图形	序号	标签名称	标签图形	序号	标签名称	标签图形
1	爆炸性物质或物品	1.4	1	爆炸性物质或物品	1.5 / 1.6	2	易燃气体	

117

续表

序号	标签名称	标签图形	序号	标签名称	标签图形	序号	标签名称	标签图形
2	非易燃无毒气体		4	遇水放出易燃气体的物质		7	一级放射性物质	
	毒性气体			氧化性物质			二级放射性物质	
3	易燃液体		5	有机过氧化物			三级放射性物质	
							裂变性物质	
4	易燃固体		6	毒性物质		8	腐蚀性物质	
	易于自燃的物质			感染性物质		9	杂项危险物质和物品	

附录 3
安全标志

表 1　禁止标志

编号	标志名称	图形标志	编号	标志名称	图形标志	编号	标志名称	图形标志
1-1	禁止吸烟		1-2	禁止烟火		1-3	禁止带火种	
1-4	禁止用水灭火		1-5	禁止放置易燃物		1-6	禁止堆放	
1-7	禁止启动		1-8	禁止合闸		1-9	禁止转动	
1-10	禁止叉车和厂内机动车辆通行		1-11	禁止乘人		1-12	禁止靠近	

119

续表

编号	标志名称	图形标志	编号	标志名称	图形标志	编号	标志名称	图形标志
1-13	禁止入内		1-14	禁止推动		1-15	禁止停留	
1-16	禁止通行		1-17	禁止跨越		1-18	禁止攀登	
1-19	禁止跳下		1-20	禁止伸出窗外		1-21	禁止依靠	
1-22	禁止坐卧		1-23	禁止蹬踏		1-24	禁止触摸	
1-25	禁止伸入		1-26	禁止饮用		1-27	禁止抛物	
1-28	禁止戴手套		1-29	禁止穿化纤服装		1-30	禁止穿带钉鞋	
1-31	禁止开启无线移动通信设备		1-32	禁止携带金属物或手表		1-33	禁止佩戴心脏起搏器者靠近	

附录3 安全标志

续表

编号	标志名称	图形标志	编号	标志名称	图形标志	编号	标志名称	图形标志
1-34	禁止植入金属材料者靠近		1-35	禁止游泳		1-36	禁止滑冰	
1-37	禁止携带武器及仿真武器		1-38	禁止携带托运易燃及易燃物品		1-39	禁止携带托运有毒物品及有害液体	
1-40	禁止携带托运放射性及磁性物品							

表2 警告标志

编号	标志名称	图形标志	编号	标志名称	图形标志	编号	标志名称	图形标志
2-1	注意安全		2-2	当心火灾		2-3	当心爆炸	

121

续表

编号	标志名称	图形标志	编号	标志名称	图形标志	编号	标志名称	图形标志
2-4	当心腐蚀		2-5	当心中毒		2-6	当心感染	
2-7	当心触电		2-8	当心电缆		2-9	当心自动启动	
2-10	当心机械伤人		2-11	当心塌方		2-12	当心冒顶	
2-13	当心坑洞		2-14	当心落物		2-15	当心吊物	
2-16	当心碰头		2-17	当心挤压		2-18	当心烫伤	
2-19	当心伤手		2-20	当心夹手		2-21	当心扎脚	
2-22	当心有犬		2-23	当心弧光		2-24	当心高温表面	
2-25	当心低温		2-26	当心磁场		2-27	当心电离辐射	

续表

编号	标志名称	图形标志	编号	标志名称	图形标志	编号	标志名称	图形标志
2-28	当心裂变物质		2-29	当心激光		2-30	当心微波	
2-31	当心叉车		2-32	当心车辆		2-33	当心火车	
2-34	当心坠落		2-35	当心障碍物		2-36	当心跌落	
2-37	当心滑倒		2-38	当心落水		2-39	当心缝隙	

表3 指令标志

编号	标志名称	图形标志	编号	标志名称	图形标志	编号	标志名称	图形标志
3-1	必须戴防护眼镜		3-2	必须佩戴遮光护目镜		3-3	必须戴防尘口罩	
3-4	必须戴防毒面具		3-5	必须戴护耳器		3-6	必须戴安全帽	

续表

编号	标志名称	图形标志	编号	标志名称	图形标志	编号	标志名称	图形标志
3-7	必须戴防护帽		3-8	必须系安全带		3-9	必须穿救生衣	
3-10	必须穿防护服		3-11	必须戴防护手套		3-12	必须穿防护鞋	
3-13	必须洗手		3-14	必须加锁		3-15	必须接地	
3-16	必须拔出插头							

表4 提示标志

编号	标志名称	图形标志	编号	标志名称	图形标志	编号	标志名称	图形标志
4-1	紧急出口		4-2	避险处		4-3	应急避难场所	
			4-4	可动火区		4-5	击碎板面	

续表

编号	标志名称	图形标志	编号	标志名称	图形标志	编号	标志名称	图形标志
4-6	急救点		4-7	应急电话		4-8	紧急医疗站	

附录 4
仓库保管工常用账册单据表样

表 1　到库物资外观检验记录

编码：　　　　　　　　　　　　　　　　　　　检验日期：　年　月　日

物资名称规格		到货日期		合同号	
供货厂（商）		到货数量			
检验依据		检验比例		检验数量	
检验结果判定及处理					

　　　　　检验人：　　　　　　　　　　　　　　　审核：

表 2　验收记录

年　　月

到货时间	供货单位	发站	车号	运单号	调拨单号	合同单据号	到达时间	物资名称及规格	计量单位	数量		验收时间	验收单号	计量情况		质检情况			交料人	验收人	查询单号	报损单号	不能验收单号	事故单号	情况记载
										应收	实收			计量数	抽检比例(%)	合格数	不合格数	抽检比例(%)							

表3 料签

料　签								
四号定位		库		架		层		位
物资代码								
名　称								
规格型号								
计量单位					单价			
储备定额	最高							
	最低							
库存数量	付货位		库		架		层	位号
			库		区		排	

表4 磅（尺）码单

本页数量：

器材名称： 规格： 四号定位：

序号	数量（m）	序号	数量（m）	序号	数量（m）	序号	数量（m）	序号	数量（m）
1		21		41		61		81	
2		22		42		62		82	
3		23		43		63		83	
4		24		44		64		84	
5		25		45		65		85	
6		26		46		66		86	
7		27		47		67		87	
8		28		48		68		88	
9		29		49		69		89	
10		30		50		70		90	
11		31		51		71		91	
12		32		52		72		92	
13		33		53		73		93	
14		34		54		74		94	
15		35		55		75		95	
16		36		56		76		96	
17		37		57		77		97	
18		38		58		78		98	
19		39		59		79		99	
20		40		60		80		100	
小计		小计		小计		小计		小计	

班次： 审核人： 汇算人： 检测人： 日期： 年 月 日

表5 磅（尺）码单汇总表

编号：

物资编码		合同号		
名称规格		存放地点		
单价	元/t	单重		kg/m

年		凭证编号	摘要	收入			发出			结存		
月	日			m	t	件/只	m	t	件/只	m	t	件/只

班次： 　　审核人： 　　检测人： 　　年　月　日

车号：＿＿＿＿　运单号：＿＿＿＿　验收单号：＿＿＿＿

表6 物资入库验收单

供货单位：　　　　　　　　　　　　　　　　　　　　　　　　　　到货日期：　年　月　日
验收单号：　　　　　　制单日期：　年　月　日　　　　　　　　　　验收日期：　年　月　日

序号	物料组	物资代码	物资名称规格型号	计量单位	计划单价	应收		实收	
						数量	金额	数量	金额

合同号		附质量证明书	附计量单	附合格证	不能验收单号	查询单号	质检编号	运损（计量差）
资料到达日期		份	份	份				
发站	到站	车数	车号					
			运单号					

验收单位：	组长：	保管员：	稽核员：	备注

表7 物资明细账

单重：														
储备定额	最高						四号定位：		库 架					
	最低						物资代码号：		场 区					
主要附机	名称						物资名称：		层					
	规格						规 格：		位号					
			年	收入数量			计量单位：							
				发出数量			计划单价：							
凭证		摘要	收入			发出			结存			稽核员核对签章	备注
年月日	编号		数量	金额		数量	金额		数量	金额			
		过次页											

表8 物资验收计量合理误差核销单

供货单位：　　　　　　　　　　　　　　　　　　　　　　单据编号：
到货日期：　年　月　日　　　　　　　　　　　　　　　制单日期：　年　月　日

物资名称规格型号	计量单位	计划单价	应收数量	计量数量	实收数量	物料组	标准规定计量差			物资代码	实际合理计量差	
							比例%	数量	金额		数量	金额

验收单号	查询单号	保管员：	车数	稽核员：

上报单位：

表9 物资运输损耗报告单

供货单位：　　　　　　　　　　　　　　　　　　　　　　　单据编号：
到货日期：　年　月　日　　　　　　　　　　　　　　　　　制单日期：　年　月　日

物资名称规格型号	计划单价	应收数量	实收数量	物料组	物资代码	标准规定损耗			实际合理损耗	
						比例%	数量	金额	数量	金额
计量单位										
验收单号			查询单号					车数		

上报单位：　　　　　保管员：　　　　　稽核员：
　　　　　　　　　　　月　日　　　　　　月　日

表 10 仓库物资到货申请查询报告单

供货单位:　　　　　　　　　　　　　　　　　　　　　　　　　　　单据编号:
到货日期:　年　月　日　　发站:　　　　　到站:　　　　车数:　　　　制单日期:　年　月　日

物资名称规格型号				物料组			物资代码			
计量单位	发运	实到	应收	实收	损坏	缺少	溢余	质次	规格不符	查询数量	单价	查询总价

验收检验结果

上级批复意见

运单号		车号		合同号	
上报单位:	保管员:	批复单位:	批复人:
	月　日		

表11 存货盘点明细表

填报单位：　　　　　　　　　　　　　　　　　　　年　月　日　　　　　　　　　　　　　　金额单位：元

序号	物资代码	物资名称规格型号	计量单位	单价	账存数量	账存金额	盈亏数量	盈亏金额	实存数量	实存金额	存货现状（完好、变质、毁损）	备注
合计												

主管：　　　　　　　　财务主管：　　　　　　　　监督人：　　　　　　　　盘点人：

表 12 进库物资不能验收报告单

供货单位：　　　　　　　　　　　　　　　　　　　　　　　单据编号：
到货日期：　　年　　月　　日　　　　　　　　　　　　　　制单日期：　　年　　月　　日

物资名称 规格型号	数　量	物料组	物资代码
计量单位		不能验收原因	
上级批复意见			
运单号			
车　号			
上报单位：	保管员：　　　　　月　　日	批复单位：	批复人：　　　年　　月　　日

表 13 物资出库计量合理误差核销单

类别:
组别:

单据编号:
制单日期: 年 月 日

物资名称规格型号				物料组	物资代码			
计量单位	计划单价	本期发出数量	账存数量	实存数量	比例%	标准规定计量差		实际合理计量差	
						数量	金额	数量	金额
计量误差原因					批复意见				
上报单位:		保管员:		稽核员: 月 日	批复单位:			批复人: 月 日

附录4 仓库保管工常用账册单据表样

表 14 物资储存合理损耗报告单

类别：
组别：

单据编号：
制单日期：　年　月　日

物资名称规格型号			本期收入数量	账存数量	实存数量	物料组		物资代码			
计量单位	计划单价					标准规定损耗			实际合理损耗		
						比例%	数量	金额	数量	金额	
损耗原因						批复意见					
上报单位：			保管员： 　　　月　日	稽核员： 　　　月　日		批复单位：			批复人： 　　　月　日		

表 15 规格调整单

单据编号：
制单日期： 年 月 日

类别：
组别：

列别	物资名称	计量单位	计划单价	数量	总价	物资代码	差额
	规格型号						
原列（作账面发出）							增或减（+、−）	金额
应列（作账面收入）								

调整原因

上报单位：	保管员： 月 日	稽核员： 月 日	批复单位： 批复意见	批复人： 月 日

140

附录4 仓库保管工常用账册单据表样

表16 库存物资盈亏申请表

类别:
组别:

单据编号:
制单日期: 年 月 日

物资名称 规格型号	计划 单价	账存		实存		盘盈		盘亏	
计量 单位		数量	金额	数量	金额	数量	金额	数量	金额

物料组: 物资代码:

盈亏原因	
批复意见	

上报单位:	保管员: 月 日	稽核员: 月 日	批复单位: 月 日	批复人: 月 日

表17 物资事故报告单

单据编号：
制单日期：　年　月　日

类别：
组别：

物资名称 规格型号	计划单价	事故数量	事故金额	事故原因	物料组	物资代码
计量单位						
损坏情况				责任单位意见	批复意见	
上报单位：　　　月　日		保管员：　　月　日		稽核员：　月　日	批复单位：	批复人：　月　日

表18 物资调拨单

物资类型：　　　　　　　　　　　　　　　　　　　　　　　　　　　发料编号：
用料单位：　　　　　　　　　　　　　　　　　　　　　　　　　　　发料库：

年　月　日

单号	物料组	物资代码	物资名称规格型号	计量单位	数量		计划单价	金额	实售单价	金额
					应发	实发				
合计										

工程项目名称编号		合同号		结算证号	增值税率	增值税额	收款金额
供货厂商					％		

配拨：

收款人：　　　　　发料人：　　　　　提料人：　　　　　备注
　　月　日　　　　　月　日　　　　　月　日

表19　大庆油田物资公司物资出库证

编号：No．

领料单位：	发料单编号：
物资名称规格型号：	数量：
运输方式：	车号：
发料组别：	领料人：
发料人：	签发时间：　　年　月　日　时　分

注：一车一证 当次有效。局内拉料车辆凭证进入施工现场，用料单位负责检查收回。

第一联：料组留存　　第二联：出库凭证　　第三联：领料单位留存

附录4　仓库保管工常用账册单据表样

表20　（　）物资应急出库单

开单编号：
发料编号：
用料单位：
发料库：

年　月　日

序号	物资名称规格型号	计量单位	数量		单价	应收金额	有效日期	开单原因
			应发	实发				

主管部门（盖章）：　　批准人：　　经办人：　　发料人：　　领料人：
日　期：　　日　期：　　日　期：　　日　期：　　日　期：

备注：1. 此单适用于待验收物资和库存物资应急出库时使用，在括号内填写"库存""待验收"字样。
　　　2. 开单单位负责催办用料单位及时办理正式出库结算手续。
　　　3. 此单手续齐全加盖开单单位调拨章，并加盖主管部门业务章后方可生效。
　　　4. 开单后开单单位应立即通知发料仓库开单登记台账，仓库应认真审核单据，核实无误后方可发料。
　　　5. 此单不作为结算凭证及报销凭证。

参考文献

[1] 宫运兴,李卫松,陈川,等.石油石化职业技能培训教程 仓库保管工[M].北京:石油工业出版社,2019.